德州

历史与文化

山东华宇工学院中国近现代史纲要教研室 编

天津出版传媒集团

天津人民出版社

图书在版编目(CIP)数据

德州历史与文化/山东华宇工学院中国近现代史纲
要教研室编. -- 天津：天津人民出版社，2023.5
ISBN 978-7-201-19342-7

Ⅰ.①德… Ⅱ.①山… Ⅲ.①文化史－德州 Ⅳ.
①K295.23

中国国家版本馆CIP数据核字(2023)第073750号

德州历史与文化
DEZHOU LISHI YU WENHUA

出　　版	天津人民出版社	
出 版 人	刘　庆	
地　　址	天津市和平区西康路35号康岳大厦	
邮政编码	300051	
邮购电话	(022)23332469	
电子信箱	reader@tjrmcbs.com	

策划编辑	杨　轶
责任编辑	李佩俊
封面设计	卢炀炀

印　　刷	北京虎彩文化传播有限公司
经　　销	新华书店
开　　本	880毫米×1230毫米　1/32
插　　页	2
印　　张	7.5
字　　数	150千字
版次印次	2023年5月第1版　2023年5月第1次印刷
定　　价	78.00元

前　言

　　《德州历史与文化》的出版缘于中国近现代史纲要教研室实践课教学的需要。

　　山东华宇工学院地处山东省德州市,是一所新兴的应用型本科大学,学校的办学宗旨是"立足德州,服务山东"。本着山东华宇工学院的办学宗旨,结合中国近现代史纲要课的教学需要,中国近现代史纲要教研室选定德州历史与文化调研为实践课教学课题。

　　为方便学生选择实践课题目,同时也为了方便教师深入了解德州历史文化的主要特点并对学生进行指导,中国近现代史纲要教研室的部分青年教师根据自己的科研兴趣爱好简单进行了分工,基本上每人一个题目进行写作,进而形成了呈现在读者面前的这本书。这既是教研室青年教师近期研究德州历史与文化的科研成果,同时也可以作为中国近现代史纲要实践课学生的选题指南和辅助教材。

目　录

从德州四女祠看中国传统孝文化

王　佳

在山东省德州市西南约 12 千米的武城县,有一个远近闻名的千年古镇——四女寺镇。四女寺镇在西汉年间曾名安乐镇,其文化内涵丰富,区位条件优越,地处山东、河北两省三县交界处,扼九河入海孔道,位于五百里故渎萦结之处,是明清时代大运河上的重要码头,也是海内外闻名的运河沿岸经济文化重镇。四女寺流传着"四女孝亲"的历史传说,后人为四女建祠(四女祠)塑像,树碑立传,此地亦享有"孝道之乡""德化之乡"的美誉。本文以德州四女祠为切入点看中国传统孝文化,为人们深入理解"孝",进而正确继承和发扬"孝",弘扬中华民族的优秀传统文化,提供一定的思路。

一、四女祠由来

千百年来,四女寺镇流传着一个美丽的传说:西汉景帝年间(前 156—前 141),四女寺名叫傅家庄。庄内有一家傅姓夫妇,饶有资产。每逢灾荒年景,傅家就搭起粥棚,在庄内施舍粥饭,周济穷人。傅姓夫妇生了四个女儿,个个姿色超群,聪慧过人,知书达理,孝敬父母,再加上家道殷实,夫妻二人乐善好施,街坊邻居无不称道。转眼间女儿相继成人,寿诞之日,四个姑娘张罗为父亲过生日。傅父愀然不乐:"吾五十而无子,奚寿为?"大女儿年长几岁,体谅到了父母的苦衷,便和三个妹妹商量说:"父母年纪大了,咱没有幼弟长兄,以后姐妹四人各自嫁人,父母就无人照料。我有个两全其美的主意,我留在家中侍奉父母终生,一来可以使父母安度晚年,二来你们出嫁后也就不用时刻挂心父母了。"三人一听,异口同声地反对:"都是一母所生,姐姐不嫁人,我们怎好撇下父母各寻安乐?愿和姐姐一道奉养双亲!"大姐看她们态度坚决就说:"既是这样,那就看天意吧。依我之见,咱姐妹四人各栽一棵槐树,槐枯者嫁,槐茂则留,不知你们意下如何?"三人听了齐声说好。

于是姐妹四人各自在大门口栽了一棵槐树,日夜留心,都祈盼自己留在家中。谁知数月后,四棵槐树全都枝繁叶茂,亭亭玉立。大姐不忍心贻误妹妹们的青春,便偷偷地用热水浇三人的槐树。不料这一举动被三个妹妹发觉了,于是都暗暗地效仿大姐,用热水浇别人的槐树。这样过了一段时间,槐树不但没死,反而更加苗壮。四姐妹疑心是天意昭示,越发坚定了留家侍亲的决心。

傅家丰衣足食,又有四个如花似玉的女儿,自然说媒提亲者络绎不绝。傅老夫人便向四个女儿转告各方求亲之意。四女矢志不嫁,并将所议之事及植槐经过告知父母。二老闻言大惊,极力劝阻。四女为表心意,便卸下女儿装束,换上男子衣冠,学着儒生的样子习学诗词书画。平日说话如同兄弟,谈诗论字又似朋友,绝口不提婚嫁之事。二老见状,又惊又喜,视女如子,不再劝婚。媒人见四女心坚如铁,也不再登门说亲。从此四女专心侍奉父母,闲暇之时则博览诗书。

光阴如梭,四女二十年如一日奉亲至孝,傅氏夫妇虽年近古稀,仍目明耳聪,那四棵槐树也日渐粗壮、郁葱成荫。四女日夜祈祷双亲平安长寿。

一天,有一个相貌非凡的人来到安乐镇,远远望见四棵槐树亭亭如旗罗伞盖,便寻踪而至,在庄院前驻足凝视良久,口中言道:"草木属阴,鬼木为槐。观此槐之状,必有奇女居此。"于是整衣冠躬身而入。十日后,左邻右舍忽然发现不知何时傅氏一家已经人去屋空。于是众说纷纭,有人说傅家积德行善感动神灵已修道成仙,也有人称他们超升了。此事很快传遍十里八乡,为安乐镇平添了神秘色彩,过往行人客商争相目睹傅家遗迹。天长日久,竟使得安乐镇店铺林立,商贾云集,买卖兴隆,富甲一方。世人念及四女施恩故里,就把安乐镇改为四女树。因后人建祠塑像,四槐又亭亭玉立,又改村名为四女寺,并立碑铭记以赞,村名沿用至今。

四女和睦侍亲的传说流传广泛,包含着丰富的人文内涵,四女的德行更是成为百姓争相效仿的典范,后人为纪念四女建祠塑像、树碑立传,记载汉代传说。四女寺原建有孝女祠、佛光寺。佛光寺原名石佛寺,相传为明代高僧占潭修建,鼎盛时期拥有八十一间殿阁。过去四女寺古庙会香火极盛,吸引了周围十多个县份的朝拜者,车马辐辏,商贸繁盛,跨朝越代。民国《恩县志》把这里定为"武城十二景"之一,名曰"槐荫清风","千乘旌旗分羽卫、九河春色护楼船"是其历史上的繁盛写照。乾隆皇帝下江南时,专程前往敬香礼佛,并赞叹此地佛光祥和,从此石佛寺更名佛光寺,声名远播,朝拜香客川流不息。20世纪50年代,孝女祠、佛光寺两座古代建筑因拓宽运河被拆除。

2010年经规划调整,为了保护文化遗产,弘扬运河文化、礼孝文化和佛教文化,武城县借运河通航和南水北调之机,按照"以史为根、以文为魂、以河为脉、以湖为韵、以树为景、以孝为先"的设计理念,复建孝女祠、佛光寺等人文景观,形成以运河文化、礼孝文化和佛教文化为主要特色的综合性主题景区。其中孝女祠由孝女坛和供奉四孝女的四座殿阁组成。孝女坛设计为地下二层、地上三层楼阁式建筑,为三层檐十字顶结构。孝女殿在三层高台上,殿外7米宽的环形水池包围,通过四座桥与由下往上逐步收进的三个大平台相连。高台下是弘扬四女孝文化的场所,主要功能定位为孝文化传播。

二、中国传统孝文化

(一)传统孝文化的产生

我国孝文化历史悠久,形成发展过程复杂,内容不断变化。在中国古代社会的伦理价值体系中,孝是最基本、最重要的德目之一。据史料记载,孝观念萌芽于父系氏族社会,"有天地然后有万物,有万物然后有男女,有男女然后有夫妇,有夫妇然后有父子,有父子然后有君臣……"①人类家庭血缘关系、社会政治伦理关系都存在着一个历史的进程。孝观念是伴随着父系制家庭以及父子关系的明确而产生的。

有史料记载,在传说中的尧舜禹时代,就有以孝教民的事实,而虞舜因孝感动天地而名列"二十四孝"之首。当然这一时期由于生产力水平低下,孝文化也仅仅是处于萌芽状态,只是一种朴素的、自发的血缘情感,因此影响力并不大。夏朝和殷商时期,宗教意识主导着人们的思想观念,因此这一时期的孝还是模糊的、朦胧的。孝在西周至春秋之前,其初始是尊祖敬宗、善事父母,生儿育女、传宗接代。孝文化真正走出雏形,慢慢走向成熟则是在周代。据记载,孝字最早是在《尚书》中以"克谐以孝"出现。《尚书》以后的文献中对孝的记载很多,最早对"孝"作出解释的是汉代的许慎,他提道:"孝,善事父母者。从老省、从子,子承老也。"②后来,"孝"的古字形和善事父母之义吻合,被看作子女对父母的一种善行和美德。

(二)"孝"含义的演进

孝作为一种伦理观念正式形成于西周时代,在"敬天明德"思想的指导下,孝成为西周社会占主导地位的伦理价值观念。这一时期的孝主要表现为"追孝""享孝",以周天子为首的大宗小宗们则借助祭祀宗祖的方式来维护其统治地位。在周代,孝

---

① 《序卦传·下篇》,南怀瑾、徐芹庭译注:《周易今注今译》,台北:台湾商务印书馆,1984年,第433页。

② 〔东汉〕许慎著、〔北宋〕徐铉校:《说文解字》,北京:中华书局,1963年,第173页。

的发展步入了成熟期，逐渐成为人们普遍接受的一种观念。

春秋战国时期，礼崩乐坏，家族趋于解体，孝观念的主流从尊祖敬宗向善事父母转变，这与当时的社会状况、社会意识、家庭结构的变化相一致。以孔子为代表的儒家接过了"孝"，把它作为自己学说的一个重要组成部分。中国古代孝道有许多安老、养老、敬老的思想和实施方法。孔子在《论语·公冶长》中提出："老者安之，朋友信之，少者怀之。""安老"是孔子的重要社会思想。孔子的孝论不仅包括孝养，还包括敬亲，《论语·为政》中有云："今之孝者，是谓能养。至于犬马，皆能有养；不敬，何以别乎?"强调的是一种根源于血缘关系的自然亲情。

作为孔子思想的继承者，孟子发挥了孔子的"安老"思想，把孝悌视为基本的道德规范。首先，他把最初产生和存在于家庭中的孝悌观念推广到整个社会，提出了"老吾老，以及人之老；幼吾幼，以及人之幼"的思想。中国传统孝道中许多养老敬老的思想和措施，虽然在当时的历史条件下只能是一种社会理想，但由此形成了中华民族养老敬老的思想文化传统。孟子在孔子学说的基础上，对"孝"进一步阐释。孟子的"孝"思想中更多地渗透了他的政治理想，他的孝治思想主张孝道与治道的统一。

汉代在中国历史上以"孝治天下"而著名，它建立了以孝为核心的社会统治秩序，并把孝作为治国安民的主要精神基础，孝的观念渗透到汉代社会政治生活的各个方面。由此，孝道发挥着对家庭和对社会的双重功能，以及协调两方面关系的功能。"修身、齐家、治国、平天下"，成为历代帝王和圣贤们追求的最高境界。汉代大儒董仲舒,明确提出并系统论证了"三纲五常"伦理观,确定了君尊臣卑、父尊子卑、夫尊妇卑的伦理关系,孝开始直接服从于"父为子纲"、间接服务于"君为臣纲、夫为妻纲"的道德规范。从汉以后,历代统治者或思想家则自觉地把孝文化作为封建政治统治的伦理精神基础。

如果将董仲舒的"三纲五常"学说看作由传统家庭人伦思想向社会政治思想的转变的话,那么"以孝治天下"成为汉代统治者实现这种转变在实践上的完成;《孝经》的推广、传播,成为实现这种转变在教育上的完成。

狭义的孝,是指子代对父代和祖先的情感和相应的行为表现。这里的情感和行为是自发的、朴素的,也是最真实的。广义的孝既是指作为家庭伦理的孝,也指被泛化到社会伦理和政治伦理的孝。孝的基本含义是对父母的赡养和顺从,是在社会生活中形成的父母与子女之间的伦理规范。但在中国传统文化中,孝的含义却远远超出家庭伦理的范围,它有一个由家庭逐步扩展到社会和国家的过程。

孝文化是指一切有关"孝"的物质、精神和制度等的总和。孝文化的内涵包括三方面:养老、敬老、送老。养老,物质上奉养,要求子女将最好的东西奉献给老年人,使其饱食暖衣,营养充足,是谓"善养";敬老,精神上尊老,指在社会上要形成尊老的风气;送老,依礼送葬,当老人百年之后,依据礼仪为其送葬、尽孝。简言之,孝文化是涵盖一切关于孝的思想观念、理论制度、行为规范、文艺作品及相关民风民俗的社会现象和客观存在。

"孝"是中华民族的优良传统,是我国传统文化的核心内容之一,千百年来一直作为伦理道德之本、行为规范之首而备受推崇。"孝"作为一种文化体系,随着社会的发展变迁而发展。

(三)"孝"的重要作用

1."孝"是诸德之本

孝是中国传统道德的重要组成部分,没有它,中国就没有所谓的伦理道德。孝从产生之初,就被血缘之情和宗法意识打上了深深的烙印。汉代,推崇"以孝治天下",统治者将"孝治"从理论设想正式推向了实践的舞台。由此看来,孝本来就是维系血缘之情的纽带,又是作为人修身立身的根本,同时孝还是君主治理天下、巩固统治的重要手段。因此,可以说,孝是修身养性之基础、齐家治家之良方、君主治国之根基。在传统社会的发展过程中,孝的观念随着历代学者的阐述和统治者的推崇而逐渐渗透到中国文化的各个方面、各个领域。如古代选官制度、古代法律、古代教育等,这从另一个侧面证明了"孝"在传统道德中的影响力。

(1)孝是儒家伦理的核心

当儒学思想成为封建社会的正统思想后,孝道则理所当然地成为封建统治集团维护自身统治的武器。儒学的核心是"仁",而仁爱的精神则完全是由孝道出发的,因此可以这么说,孝既是儒家伦理的核心,亦是中国文化的核心。

儒家思想的创始人孔子在阐述"仁"的思想时曾说:"君子务本,本立而道生。孝弟也者,其为仁之本与!"孔子将仁与孝、悌结合起来,认为子女对父母的孝,是仁的基本表现,也是仁的根本。孔子将仁建立在孝的基础上,使其创立的儒家学说有了更加牢靠的根基,也成为后世崇孝的重要原因。从儒家孝道的主要内涵来看,它既是一种伦理道德准则,体现了亲亲、尊尊的基本道德规范,同时也是最基本的行为规范,是支配人们日常行为、评判人们品行的准则。孝从最初的家庭伦理延伸到社会领域和政治领域,用来协调小到家庭、大到社会、国家当中人与人之间的关系。因为恪守孝道不但会和睦家庭甚至整个家族,而且能使人际关系更加和谐畅达。如果全社会都恪尽孝道的话,整个社会就会稳定,就能实现"以孝治天下"了。当然在成为孝子贤孙之后,会成为个人通往仕途的强有力的筹码。由此可见,人在一生当中,既是家庭中的一员,又是国家的子民,因此人们一生都处于孝道意识的范围中,从而很好地维系和强化了社会等级秩序。儒家的"孝治"所主张的不仅仅是"孝亲",还要用"孝亲"的精神,推及于治国、平天下,"且夫孝始于事亲,中于事君,终于立身。扬名于后世,以显父母,此孝之大者"①。

(2)孝与诸德的关系

孝文化是中国传统文化的重要组成部分,在历经几千年的沉淀后,孝的观念已经成为人们恪守的最基本的道德规范。先秦儒家强调"百善孝为先",认为孝是诸德之首,孝是一切道德品行的根本。人世间诸多美德,绝大多数都是由"孝"衍生出来的。而在战国时期吕不韦及其门客,更是把孝是"德之本"的观

---

① 〔西汉〕司马迁:《史记》,北京:中华书局,1982年,第3295页。

念发展到了极致,"孝者百行之本,万善之先"①。在诸多伦理道德中,孝是最基础、最根本的。

"孝"作为诸德之本,既深深地影响着诸德,又对诸德具有统摄和指导作用。一般提到诸德,最先映入我们脑海中的便是仁、义、礼、智、信。

在儒学体系中,"仁"是一个不可替代的核心思想。"仁"首先是人的内在情感,是由人天生具有的恻隐之心而自然萌生的爱人之心,即"仁者爱人"。"孝"是实现"仁"最基本、最有效的途径。要实现"仁"的最高理想,必须从践行孝道做起。

"孝"与"义"的关系同样非常密切。"义"可引申为"正义、道义","以义事亲"乃为大孝。所谓"孝",既应该顾及亲亲之情,也不应该抛弃社会正义。如果盲目地认为"孝"大于一切,忽视了"正义、道义"的存在,那么这种"孝"便沦落为"愚孝",最终将会陷父母于不仁不义中。对于"以义事亲",《荀子·子道》中表达了同样的观点:"入孝出弟,人之小行也;上顺下笃,人之中行也;从道不从君,从义不从父,人之大行也。"荀子所理解的大孝,恰恰是遵从"正义、道义",不唯父母之命是从。由此可见,孝与义是融会贯通的,内有孝之心,外有义之行。

"礼"在儒学体系中是含义非常丰富的概念,既指狭义的礼节、礼仪,也指上至天子、下到庶民都必须遵守的道德行为规范。就"礼"与"孝"的关系,可以追溯到其产生的源头,二者均是中国传统伦理中出现较早的观念。在祭祀祖先时,一方面要

---

① 黄得时译注:《孝经今注今译》,台北:台湾商务印书馆,1980年,第37页。

表达对祖先的崇敬追忆之情,这种情感实际上就是"孝"的最初表现形式;另一方面,在祭祀活动中,要借助一定的礼仪,合乎礼仪的孝行才更被人称道。《论语·为政》中说:"生,事之以礼;死,葬之以礼,祭之以礼。"儒家思想认为:恪尽孝道,善养父母,不能违背最基本的礼法规范。

《白虎通义》中说:"信者,诚也。"孝是人性中最朴实、最纯真的感情,是人自然流露的真情实感,其间没有掺杂任何虚伪。因此"至孝"之人必是"至诚至信"之人。如果一个人在"孝"的情感中混入了虚伪势利,那这必定是"伪孝"之人。由此可见,"孝"与"信"是相互依存、相互影响的。

总之,仁、义、礼、信均为践行孝道的行为规范,在影响"孝"的同时,也受"孝"的制约。孝以其独特的魅力、巨大的能量,对诸德具有统领和指导的作用。各个朝代在选拔官员时,基本上都注重对道德的考核,而作为"德之本"的"孝",自然而然地成为考核的重要标准。

2."孝"是修身立身之基础

"身体发肤,受之父母,不敢毁伤,孝之始也。……夫孝,始于事亲,中于事君,终于立身。"①这里阐述了孝的三个阶段,体现了孝的三个层次,"孝"是修身、修德以达于立身的根本。

除了爱惜身体、珍惜生命之外,还应该以"孝"为出发点,以"孝"的核心精神为基础,做到仁爱、正义、守礼、智慧、诚信,在"孝"的指引下,修身养性。古人的"修养"中还包括"孝养",强

---

① 黄得时译注:《孝经今注今译》,台北:台湾商务印书馆,1980年,第3页。

调人要修养的首先是孝心孝德,也就是说通过其行孝的方式和表现来判定一个人的道德品行。修养心性,立德正身。孔子认为:"夫孝,德之本也。"①一个人若想要修身养性,立德正身,那么首先要做到的就是尽孝。修身立德,以孝为本,才能从博大精深的孝文化当中汲取更多的养分,才能在为人处事甚至步入仕途时得到别人的尊敬和拥护。

3."孝"是齐家治家之良方

古代社会最基本的社会单位是家庭,家庭是社会的细胞,家庭稳定则国家稳定。儒家向来非常重视家庭的作用,强调用孝道来管理和规范家庭。实行孝道,既可以使长幼有序,规范人伦秩序,又可以促进家庭和睦,保证家庭的稳定。不仅如此,"孝"所倡导的"尊亲""敬亲""事亲"等对于治理家庭有着非常积极的作用。

在遗存至今的家法、族规当中,我们也可以清晰地了解古代社会"以孝齐家"的具体做法。家法、族规所强调的首要内容即是"孝"。《九江岳氏家规》中提道:"人的一生当中有很多道德品行,首要的是重孝和重友。父母和兄弟如同人身体的躯干和手足,孝则是维系这一切的根基。"以"孝"为纽带,将家庭成员牢牢地系在一起,各有其明确的定位,从而有效地维护了家族内部的和睦和稳定。《颜氏家训·教子》中说:"父母威严而有慈,

---

① 黄得时译注:《孝经今注今译》,台北:台湾商务印书馆,1980年,第3页。

则子女畏慎而生孝矣。"一个家庭中只有"父慈子孝"[①]，才能保证其和睦。《礼记·大学》中说："欲治其国者，先齐其家。"要想治理好一个国家，必须先管理好自己的小家。国家是由一个个小的家庭组成，如果每个家庭都能恪尽孝道，那么社会还能不稳定吗？因此古人一直把"齐家"作为检验和衡量人之德才的重要手段。如果个人有齐家之才、治家之德，那么他才有可能去为国家效力，去帮助君主治理国家。"齐家、治家"之孝经过进一步延伸，顺理成章地成为治理国家的工具。而作为君王，一方面要凭借"孝"管理好自己的帝王之家，协调好家庭内部的各种关系；另一方面，视国为家，以孝的理念和精神去治理国家，安顺子民，更好地维护其统治。

4."孝"是君主治国之道

在中国古代，孝之所以能成为德之本，关键在于孝是维护封建社会稳定的伦理基础。"孝"在产生之初，其本意是人们内心萌发的至诚至善之爱，是最朴素、最自然的感情。但是由于中国传统社会是血缘与政治合一、家国一体的模式，这就使"孝"从原本单纯的内涵逐渐发展成为传统政治统治的伦理基础。一个人如果能恪守孝道，那么他在家一定会孝顺父母，和睦家庭，而在外也会服从君王的统治。聪明的统治者懂得造就一个"以孝治天下"的孝道社会，目的就是维护和巩固其统治。"孝道"成为统治者利用人民的工具，被烙上了浓浓的政治色彩。但是如果统治者能够以"孝"作为助力，将国家治理得井井

---

① 〔东汉〕郑玄注、〔唐〕孔颖达疏：《十三经注疏·礼记正义》，杭州：浙江古籍出版社，1998年，第1523页。

有条,那么对于百姓而言,未尝不是一件好事。"明王以孝治天下。"①古代的君王极力提倡"孝",旌表孝子、奖励孝行、选拔孝子做官,原因就是"孝"作为伦理思想,对统治者治理国家极为有利。

汉代君王注重"以孝治国",创造了封建王朝的第一个盛世。汉文帝刘恒以亲尝汤药、孝敬母亲著称,仁孝闻于天下。之后文帝更加提倡仁孝,多次下令给"孝悌之人"以赏赐,从而开启了"文景之治"的良好局面。"孝"可以使统治者修身立德、塑造美好的形象,从而让臣民景仰和信赖,天下安定。

帝王如此推崇孝,重要原因之一就是看重孝的教化作用。"夫孝,德之本也,教之所由生也。"②客观来说,孝作为一种伦理范畴,对人们的道德修养提出了很高的要求,无论是在独立的人格层面,还是家庭乃至社会层面,都应该有一种浓重的责任意识。一个人的真正价值正是体现在葆有并践行这种责任意识上。这也是为什么古代在选拔官员时,将"孝"视为重要标准的原因所在。

(四)古代为何以"孝"选官

"孝"与"忠"都是中华民族的传统美德,古代"以孝选官",在选择孝子的同时亦是培养忠臣。从道德范畴来看,"忠"是由"孝"衍生的一种道德观念与行为。但是就其本质来看,"孝"是

---

① 黄得时译注:《孝经今注今译》,台北:台湾商务印书馆,1980年,第14页。

② 〔唐〕李隆基注、〔北宋〕邢昺疏:《十三经注疏·孝经注疏》,杭州:浙江古籍出版社,1998年,第2545页。

"忠"的基础,"忠"是"孝"的延伸。"孝"主要是协调家庭之间的关系,是对父母、家族的态度;而"忠"则是处理个人与国家的关系,是对国家和君主的态度。"孝"与"忠"相得益彰,是既对立又统一的矛盾结合体。

在春秋末期,当孝文化已经趋于稳定和完善的时候,"忠"还仅仅只是一种道德观念,其影响力不及"孝"。谈到"忠",并非局限于忠君的观念,其内涵和外延非常宽泛。孔子和孟子认为,"忠"是诚实的表现,可以适用于君臣之间、朋友之间、家庭成员之间等。当时虽然已经有了君臣意义上的"忠",但是这种"忠"尚未绝对化,《左传》中说"外内倡和为忠",指的是君臣之间存在着相互的权利和义务,是和谐融洽的相互关系。只要君臣有一方不守"君君、臣臣"之道,君臣关系便无法建立。臣子不守臣道,君主有权制裁臣子,君主不守君道,臣子首先尽忠行谏。简言之,这一时期的忠君观念与后来封建社会专制集权下的忠君观念是截然不同的,前者是双向的,而后者是单向的。

随着奴隶社会的土崩瓦解和封建制度的建立,君主的权力大大强化,专制主义中央集权得以确立和完善。为了与不断强化的君权相适应,原本是双向关系的"忠君"有了实质性的改变,封建帝王要求臣民们绝对的依附与顺从,在统治者的推崇下,具有政治意味的"忠"逐渐发展起来,开始与"孝"并驾齐驱。

封建统治者重视"孝道",主要是想达到移孝作忠的目的。"忠臣以事其君,孝子以事其亲,其本一也。"[①]历朝历代的统治者竭力推崇和宣扬"孝行孝道",其最终目的无外乎维护和强化

---

① 王文锦译解:《礼记译解》,北京:中华书局,2016年,第631页。

自身的统治。"孝"在不断发展的过程中,由伦理道德范畴延伸到政治领域,统治者普遍认为,用孝敬父母的态度来对待君主,必然会对君主尽忠,"君子之事亲孝,故忠可移于君;事兄悌,故顺可移于长;居家理,故治可移于官"①。也就是"移孝作忠","欲求忠臣,必于孝子之门"②。认为一个人如果是至孝之人,那么他身上所拥有的良好的道德品行足以使其成为至忠之人。因此古代帝王在选拔官员时,往往注重对其孝行的考核,孝行突出者甚至可以直接授予官职。只有将家庭关系扩大到社会,将君主当作是普通民众的大家长,才能将"事亲至孝"很好地转化成"事君至忠"。国是家的延伸,家是国的基础。在家孝顺父母,移小孝为大孝,就为奉国尽忠、效命君主奠定了良好的基础。只有将孝道与忠君有机地结合在一起,实行"忠孝一体",实现"以孝治天下"。

三、家国同构,忠孝一体

(一)以孝选官

尽管先秦时期孝文化已经有了很大发展,并且这一时期孝的含义和孝道理论更加丰富和全面,但是这一时期"孝治天下"的观念仅仅还停留在理论层面,抑或是一种理想中的境界。因此就选官制度来看,先秦时期"以孝选官"尚处于萌芽状态,这一时期主要的选官制度是禅让制、选贤任能制、世卿世禄制等,

---

① 汪受宽:《孝经译注》,上海:上海古籍出版社,2004年,第68页。

② 〔南朝宋〕范晔撰、〔唐〕李贤等注:《后汉书》,北京:中华书局,1965年,第919页。

在这些选官制度下,"以孝选官"的观念已经在慢慢酝酿了。

汉代是中国封建社会的快速上升期,在文化领域,汉代是中国传统文化全面定型的时期,也是孝文化发展过程中极为重要的一个阶段。西汉时期,弘扬儒家孝德观念的《孝经》流行,孝文化有了完整的理论体系。这一时期建立了以孝为核心的社会统治秩序,"以孝治天下"的思想逐渐走向理论化、系统化。汉代皇帝除了汉高祖刘邦和汉光武帝刘秀外,都以"孝"为谥号,这也从另一个侧面体现了汉代统治者对"孝"的推崇。在选官制度上,更是体现了对孝的提倡。汉武帝时创立了"举孝廉"的官吏选拔制度,注重为官者的孝德品行,使"孝"的观念进一步社会化、政治化,成为普通百姓步入仕途的潜在政治资源。通过尊老、旌表、兴学、举孝廉等方式,自上而下地对全体社会成员进行非强制性的引导教化,孝的观念渐渐成为人们自觉的价值追求,讲求孝悌成为普遍的社会风尚,"以孝选官"蔚然成风。

1.教化天下

儒家认为尊长养老既可以培养孝悌之情,同时还能起到整饬社会秩序的作用。汉代标榜以孝治国,从汉初开始对"孝"重视及褒扬,"孝悌,天下之大顺也"①。汉代的皇帝多以"孝"为谥,"盖孝子善述父之志,故汉家之谥,自惠帝以下皆称孝也"②。尊老敬老是践行孝道的必然要求,在社会上树立尊老孝亲的道德模范也是汉代统治者孝治天下的重要举措。天子经

① 〔东汉〕班固:《汉书》第1册,北京:中华书局,2012年,第109页。
② 〔东汉〕班固:《汉书》第1册,北京:中华书局,2012年,第76页。

常颁布奖励孝子令,对那些有一定社会影响力的孝子以诏令的形式进行表彰,惠帝四年(前191)春,"举民孝弟、力田者复其身"[①],褒奖孝悌,免除徭役,通过树立典范,教化风气,导民以孝。"臣之于君,犹子之于父。明至尊、臣子之义也","王者崩……是四海之内咸悲,臣下若丧考妣之义也。……童子诸侯不朝而来奔丧者何?明臣子于其君父非有老少也"[②]。这种孝亲者必忠君、君臣关系如父子的观念,直接促进了两汉时期以孝选官用官制度的成熟。

汉代以孝治国,君王不惜运用各种举措宣扬孝道,形成了体系空前完备的教育体制。《孝经》等儒家经籍成为普及民间的初级启蒙读物,儒家孝道伦理深入人心。除了尊老养老、兴办学校、皇室垂范外,还有别具特色的官吏选拔方式——察举孝廉,可以说举孝用人的职官选拔制度是政府对孝行的最高奖赏。汉初,汉高祖下诏求贤,开察举之先河,要求郡国推荐具有治国才能的贤士大夫,虽然没有设置具体科目,但是诏书中已隐约含有儒家王道政治的思想倾向;惠帝、吕后时,察举开始有了科目,即孝悌和力田两科;文帝时,下诏将"孝悌""力田"与"廉史"并举,明确订立了举荐制度、考试科目和考试办法,并根据考生的成绩优劣划分了等级,察举制度正式诞生。

具体说来,察举作为古代官吏选拔的一种制度,就是由皇帝定下用人标准,由各级地方官员在辖区内全面考察,按标准

①〔东汉〕班固:《汉书》第1册,北京:中华书局,2012年,第90页。

②〔清〕陈立撰、吴泽虞点校:《白虎通疏证》,北京:中华书局,1994年,第504页,538页。

选取人才并推荐给上级或中央,经过试用考核再任命官职。伴随着儒家思想取得独尊,孝廉成为基本的用人标准。汉武帝采纳董仲舒的对策颁布"令郡国举孝廉各一人"的诏令,开创了举孝用人的先河。孝就是指孝敬善事父母的人,主要是在普通老百姓中推选,即所谓在民则举孝,廉是指廉洁奉公的人,主要是在基层的官员中选拔,即在吏则兴廉。后来"孝""廉"成为常设科目,以孝悌品行举人选官,迅速成为西汉政府一项既定的人事制度。不过刚开始的时候,由于担心举人不当要承担责任,各郡国对察举孝廉并不积极,举孝廉制度没有真正贯彻实施。直到元朔元年(前128),汉武帝一纸诏书,严格规定不举孝者以不敬罪论处,不察廉者以不胜任论处,一律免职,"不举孝,不奉诏,当以不敬论。不察廉,不胜任也,当免"①。在汉武帝的强力推动下,举孝廉的制度才真正得到贯彻实施。

举孝廉制度为汉代选取了大量人才。东汉时,君王对官员的孝廉之德更加重视,孝廉选举的影响越来越大,孝廉入仕的人数比西汉还多。通过孝廉选举出来的人不需要经过考试就可以直接被政府任用,原来没有官职的先从职位低的小官做起,原来有官职的则予以擢升。汉武帝以后,越来越多的官员仕出孝廉,上至朝廷要员,下至令、长、丞、尉,孝廉成为汉代最重要的察举科目。社会上营造了一种"在朝者忠于君,在家者孝于亲"②的氛围。在家是孝子,出仕做廉吏,讲求孝行渐渐成为一种风尚,"事君"已然成为"孝"的一部分,并提出移孝为忠的理念——"君子之事亲孝,故忠可移于君;事兄悌,故顺可移于长;居家理,故治可移于官"①。董仲舒曾说:"忠臣之义,孝子之行,取之土。土者,五行最贵者也,其义不可以加矣。"②董仲舒以"土"来强调忠与孝的地位。孝延伸到忠,其范围也从家庭扩大到朝廷,成为家国同构的理论基石。

2.不孝重罚

汉代以孝治国,把孝看作维护社会等级关系和封建统治秩序的伦理基础,除了通过各种方式嘉奖孝行、褒扬孝道之外,与之相对应的就是对不孝行为的严惩,将不孝行为列为大罪,"五刑之属三千,而罪莫大于不孝"③,对不孝者的严惩进一步推动了"孝治"的发展。一般情况下,汉代对不孝行为的惩罚主要集中在以下三个方面:

其一,不奉养父母,侍奉不周。《礼记·祭义》中提到孝德境界有三层:"大孝尊亲,其次弗辱,其下能养。"奉养父母是儒家孝伦理的最基本要求,"谨身节用,以养父母"是为人子者最基本的孝行。判断奉养周到与否的一个重要标准就是父母生病时,子女是否在病榻前亲尝汤药,侍奉左右。做不到就会被视为不孝,受到惩罚。

其二,殴打、侮辱父母和尊长。在讲究长幼有序、尊卑有别的封建宗法社会,以卑犯尊、以贱犯贵,卑幼冒犯尊长是严重的

---

① 汪受宽:《孝经译注》,上海:上海古籍出版社,2004年,第68页。

② 〔西汉〕董仲舒撰、钟哲点校:《春秋繁露·五行对》,北京:中华书局,1992年,第316页。

③ 黄得时译注:《孝经今注今译》,台北:台湾商务印书馆,1980年,第22页。

违法行为。"仁者,人也,亲亲为大。"①晚辈谩骂长辈,子女殴打父母均属不孝重罪,为了维护家庭尊长的权力和封建家庭伦理,法律对此类行为的处罚相当严重。汉时法律受儒家思想影响,对家庭伦理极为重视,有可能威胁宗法秩序的行为都被严格禁止,法律为君王用儒家伦理构建社会秩序提供了强有力的制度保障。

其三,举告、诬告父母。为了捍卫父权家长制,维护封建宗法伦理,汉时法律明确规定,禁止卑幼控告尊长,即家庭成员中卑幼的一方必须隐瞒尊长的犯罪行为,不得向官府告发。如果卑幼告尊长,官府一概不予受理,并且还要严惩告发者。简单来说,就是从法律上剥夺了子女状告父母的权利,古时法律表现了对家庭伦理异乎寻常的关注和保护。汉代不孝入律的情形有很多,不孝罪的名目也相当繁多。通过对不孝行为的严惩,结合尊老兴学、旌表孝行、举孝用人等各种教化措施,宣扬孝道,实现统治者"导民以孝,则天下顺"的政治目的。

汉代以后,"以孝选官"的现象承袭相沿,继续存在于历代选官的体系中。但是由于九品中正制、科举制等新的选官制度的出现,加上在魏晋至隋唐五代这七百余年间,孝道观念时而淡薄时而强化,因此"以孝选官"的分量有所降低。尽管如此,各朝统治者依然坚持了汉代"以孝治天下"的精神,将"以孝选官"作为主流选官制度的重要补充。如,隋炀帝继续实施"举孝廉"的制度,唐代时设"孝悌廉让科""孝悌力田科",并正式将"以孝选官"纳入科举考试,将"孝"作为选拔官员的重要品德标准。

---

① 王国轩译注:《大学·中庸》,北京:中华书局,2007年,第95页。

宋元明清时期,孝文化发展到极致,孝道沦为强化君主独裁、父权专制的工具,统治者所倡导的是"愚忠愚孝",孝道走上畸形发展的道路,在实践上走向极端愚昧化。在封建"孝治"观念的扭曲下,"以孝选官"在巩固封建皇权的同时,在实践过程中大打折扣,暴露了许多弊端,如在选官过程中出现的任人唯亲的局面,所选拔的人才有名无实,只是徒有虚名的"伪孝者"。归根结底,这是封建国家"以孝治天下"本身的缺陷所造成的。

综上所述,"以孝选官"思想从先秦时的萌芽状态到秦汉时期的蔚然成风,再到魏晋之后的承袭相沿,体现了孝观念从宗教、家庭、道德伦理趋向于政治化、理论化。儒家人伦关系中的孝德观念,在中国古代这种日趋政治化的影响下,变成了一种极为有效的潜在的政治资源,成为步入仕途的有效捷径和阶梯。

(二)以孝管官——丁忧制度

1.丁忧制度——官员们为父母丧而暂时停职

《尔雅·释诂》中说:"丁,当也。""丁"是遇到的意思。《尚书》中说:"忧,居丧也。"古代的"丁""忧"二字,就是遭逢居丧的意思。"遭逢居丧",儿女们会忧伤,会居丧,会遵循一定的民俗和规定"守制"。

丁忧,丧制名,又叫居丧、守孝、丁艰,原指遇到父母丧事,子女按礼持丧三年。丁忧期间不得行婚嫁之事,不预吉庆之典,后来多指官员居丧,即官员遭父母或其他尊长之丧,必须暂离公职,回籍守丧三年,其间停止升转,停给俸禄,然仍准算历俸,待守制期满,重新出来任职。

丁忧是中国古代的一种职官管理制度,是官员居丧的专用名词。"丁忧"最早出现于《宋史·礼志》中:"咸平元年,诏任三司、馆阁职事者丁忧,并令持服。又诏:'川峡、广南、福建路官,丁忧不得离任,既受代而丧制未毕者,许其终制。'"作为一种职官管理制度,丁忧成为研究中国传统文化尤其是孝文化必不可少的素材之一。

2.丁忧制度的内容

按照规定,一旦遭遇父母之丧,不论身居何职、品级多大,在职官员必须解官去职,即《礼记·王制》中所说的"父母之丧,三年不从政",且"三年无改于父之道"①。除此之外,丁忧期间在饮食、服饰、起居及婚嫁、赴考等方面有着严格的规定。儒家的先贤们对原始社会以来的守丧习俗积极地加工改造,形成了一套标准化、系统化和等级化的居丧制度,对三年丧期内的守丧行为在容体、声音、言语、饮食、衣服、居处等方方面面提出了具体的标准,旨在居丧者的所有生活细节都要彰显对逝者离去的哀悼之情,这就是所谓的居丧守制。当然在不同时期、不同朝代,礼法对丁忧者的具体要求不尽相同,但大致来说的话,居丧期间,对丁忧者的限制主要集中在以下四个方面:

(1)饮食方面

为了体现失去亲人的巨大悲痛,丁忧期间,居丧者在饮食方面受到严格限制。通常是服丧的前三天,不饮不食,三天后才能早晚各喝点限量的稀粥,即所谓"食粥,朝一溢(1/24升)

---

① 杨伯峻译注:《论语译注》,北京:中华书局,1980年,第7页。

米,莫(暮)一溢米"①,三个月后才能吃粗粮喝清水,一年以后才能吃蔬菜水果,两年以后才能吃醋和酱,服丧期满后才能饮酒吃肉。

当然此规定也非绝对,要根据守丧之人的身体做灵活变通。对于那些年老体弱之人,为了防止因过度饥饿导致身体毁损,允许他们饮酒食肉。而身患疾病者也应定期服药。通过适当增加营养或服用药物来维护身体健康,是为了防止居丧者哀毁过度,无法持丧终制,从而陷于不孝之境地。

(2)服饰方面

为表达失去亲人的哀痛之情,居丧者必须除去平日华服,穿特定的丧服以示哀悼,即所谓"饰情之表章"。根据与死者关系的亲疏远近,由重到轻,丧服共有五个等级,依次是斩衰、齐衰、大功、小功、缌麻,谓之"五服"。

古代丧服制度屡经变革,不同时代"五服"的标准也有所变更。但是臣为君、子为父之丧自始至终都是丧服中最高的标准,即"斩衰"。由此可见,君臣、父子的关系在封建社会中的地位,由此也可以解释,为什么古代官员经常会陷于忠孝难两全的境地。

(3)起居方面

对服丧者的居住也有严格规定。下葬之前,守丧者要居服舍,下葬以后,孝子要在亲人墓旁搭建的简陋草棚内守丧三年。其间要睡草垫枕土块,随着时间的推移,居处可以稍加修整。

---

① 王梦鸥译注:《礼记今注今译》,台北:台湾商务印书馆,1980年,第581页。

如百日卒哭后,可以铺设不纳头的蒲草席,一年小祥以后,可以拆掉草棚,在原处改建小屋,称为垩室,屋内用白灰涂墙,铺设普通寝席。在室内居住时要做到"言而不语、对而不问、不与人座"。两年大祥后,可以回到正寝居住,但是仍不能用床,直到服丧完毕,才能回到床上睡觉,一切恢复正常。居丧期间,除了对住所的严格限制外,还要求居丧的前三个月内,不能洗澡、不能剃头,在大祥移居正寝之前夫妇不得同居等。

(4)嫁娶、赴考

除了生活起居方面的诸多限制外,还有两项非常重要的禁忌,即居丧期间不能娶妻纳妾,不能参加会考。《吾学录》中提道:"凡丧三年者,百日剃发,仕者解仕,士子辍考,在丧不饮酒,不食肉,不处内,不入公门,不与吉事。"居丧期间不得进行嫁娶,基本为各朝各代所沿用,冒哀取仕的限制,在不同时期,则不尽相同。总的来说,宋代以前规定比较严苛,即使是"五服"中等级最低的缌麻也不能参加考试。明代以后,此限制放宽,除了服三年之丧不得赴考外,其余的不受限制。

不难看出,丁忧期间居丧者的人身自由和饮食起居等各个方面都受到了非常严格的限制。守丧三年,丁忧人员一方面要在精神上承受失去亲人的痛苦,另一方面,还要经受艰苦生活条件的考验,无论身心都受着常人难以忍受的折磨。事实上,真正能不折不扣执行上述琐碎而苛刻的规定的人并不多见,违反居丧礼制的人比比皆是。

3.汉代的夺情起复

孝道的践行必须是在不影响统治者利益的前提下,一旦彰显孝道的丁忧守制影响权力运行和国家安全时，统治者会以国为重、亏孝全忠。因此当官员事亲尽孝与事君尽忠发生冲突的时候，统治者无一例外地剥夺了大臣为父母居丧尽孝的机会，于是就有了为人臣子自古忠孝两难全的千年一叹。当私人感情与朝廷需要摆在统治者和丁忧官员面前的时候，是尽忠还是守孝？由此，一种与丁忧制度相辅相成的官场人事制度应运而生了——夺情起复。起复又叫夺情或夺服，是由丁忧派生的一项重要的人事制度。起复指朝廷由于公务需要，对于那些遭受父母之丧需要辞官离职、回籍守制的官员，不许解官，命其继续留职，素服理政办公，不参加吉礼；或者官员丧期未满，朝廷特许终止其服丧守制，在"丁忧"期内起复任职，即"夺情起复"。

在汉代，丁忧守制作为一种强制性规范开始出现，不过它还没成为一种具有普遍约束力的强制性规范。具体来说，受其约束的只是上层社会的王室诸侯，中下层的官僚士大夫和普通百姓并不受此限制，官员丁忧更多地表现为道德层面一种自觉自愿的个人行为，丁忧与否政府并不干涉。但是由于汉代以孝治国，统治者重视孝道教化，朝廷选人用人也是以孝为先，在这种重孝意识的引导下，再加上王室诸侯的示范效应，丁忧守制成为官僚士大夫们品评人品的重要指标。弃官丁忧成为一种风尚，大小官吏竞相效仿，宁过而无不及，人们无不以服丧逾礼和服无服之丧（即按礼制规定不应该服丧而服丧）为荣。丁忧成为古代官员必须遵守的职官管理制度和法律制度，自东汉以后开始被严格地贯彻执行。愈演愈烈的去官丁忧之风导致政府各级衙门严重缺员，极大地影响了官僚机构的正常运行，统治者为了维护政府日常工作的正常运行,保障国家机构的稳定,不得不对一些重要岗位上的文武官员夺情起复。由于丁忧的泛滥集中在东汉,所以夺情起复现象也多发生在东汉。

有关丁忧"夺情"的议决以及各级官吏丁忧是否"夺情"的统一政策规定,一般先由礼部具体商议,然后报经皇帝审批,最后以颁布诏令的方式贯彻执行。中央朝廷的仕宦官员尤其是那些显贵政要,其丁忧"夺情"与否,通常由皇帝直接裁决定夺,礼部官员不得妄议。

历来被夺情起复的多为武将或高级文职官员。历史上最常见的夺情现象一般皆源于国家战事需要,史称"金革夺丧"。"于时东西交争,金革方始,群官遭丧者,卒哭之后,皆起令视事。"①《唐会要》也提道:"时多金革……丁忧之士,例从起复。"此类"皆起令视事""例从起复"的现象,是历代王朝因金革兵战需要的一种惯例定制,实施于全国所有的文武丁忧官吏。比如岳飞起复正是金革需要,姚夫人去世时,岳飞正在鄂州练兵,准备再次渡江北伐,收复中原,战事一触即发,主将岂可擅离?基于民族大义和朝廷需要,岳飞忍痛终丧起复。不难想象,官员丁忧势必会造成朝廷用人与官员缺位的矛盾,而夺情制度则巧妙地化解了这一难题。

夺情作为丁忧制度的衍生品,它的形成和发展与丁忧制度相辅相成。西汉时期,官员丁忧不是强制性规范,因此夺情也未形成定制。但是随着汉王室对于孝道的提倡,西汉末年,士大夫阶层中形成了一种丁忧风尚,丁忧逐渐成为评价人品和道

---

① 〔唐〕令狐德棻等:《周书·王罴传》,北京:中华书局,1971年,第293页。

德操守的标准。不管是出于自愿还是迫于外界压力，越来越多的官员在遭父母之丧时纷纷要求离职守制。这种现象逐渐影响了国家机构的正常运作。

对于那些国家和朝廷严重依赖的股肱要员，皇帝不得不派使者前去慰问，并传达强制回朝复职的命令，于是夺情现象日渐普遍。到东汉时，夺情起复慢慢成为一种惯例，统治者针对丁忧守制另外创设了一套完整的夺情起复程序。自此以后，朝廷大臣因政务需要而丁忧"夺情"的现象甚为常见。夺情起复原本是出于军国大事的需要，但是夺情也往往意味着皇帝对官员的恩宠，由此慢慢形成了一种以夺情为荣的社会心理，无形中影响了丁忧者在居丧时的心态。

如前所述，夺情起复最初是基于军务或政务需要，主要是针对身居要职的股肱之臣或带兵打仗的武将，其初衷是为了维护国家机构的正常运转，是特殊情理下的亏孝全忠，本不为常典。但是随着丁忧制度的普遍化、法制化，积极钻营谋求起复的官员也越来越多，他们中有的人是畏惧丁忧生活的艰苦，逃避居丧，有的人是贪恋权位，舍不得高官厚禄，在这种情况下，能不顾皇帝下诏"夺丧"仍坚持服满三年的官员就更是凤毛麟角了。如此种种，使夺情慢慢变了味，以至于有些时候竟演变为政治角力的工具，成为派系斗争、权力倾轧的有效途径。

守丧，原本是人们出于对死者的哀悼之情自发形成的一种习俗，但是封建统治者抬高孝道、美化礼教，加强对民众的精神统治，维护其封建统治，实现封建统治长治久安的目的。在两千多年的封建社会中，封建统治阶级不遗余力地宣传、鼓吹忠孝合一的儒家孝道,不惜用道德和法律等诸多手段强制人们遵行等级化的守丧之制,礼法结合。在这样的特殊背景下,守丧之制也一步步地完成了由习俗到礼教,由礼教到道德规范,由道德规范上升为国家法律的历史变迁。

4.丁忧制度的礼制基础——三年丧

丁忧,作为一种规范的职官管理制度,既是体现官员孝道操守的道德规范,也是古代官员必须遵守的法律规则。它是儒家思想制度化、法律化的集中体现。丁忧从一种自身层面的道德约束到国家层面的法律约束,势必要经历一个漫长的由礼入法的演变过程。

要从丁忧守丧三年的礼制基础说起其缘起。守丧,最初只是人们表达对死者哀悼之情的一种自发行为,不带有任何强制性,也没有固定的时间期限。一般是指从人死到安葬的一段时间内,死者家人及亲属在饮食起居等方面表现出的异乎平时的行为。三年之丧究竟缘起何时,自古以来也是众说纷纭、莫衷一是。

根据现有文献记载,三年之丧早在孔子之前就已经存在,"尧帝去世……百姓如丧考妣,三载,四海遏密八音"①。春秋战国时期,以孔子为代表的先秦儒家们在原先丧葬习俗的基础上,进一步整理礼乐典籍,经过不断加工改造,最终形成一整套系统化、等级化、标准化的礼教制度,即守丧之制。

儒家重孝道,主张以孝治天下,视孝道为齐家之本、立国之

---

① 屈万里注译:《尚书今注今译》,台北:台湾商务印书馆,1978年,第14页。

基。为使孝悌之情有始有终,对生、死二事同样重视,正如《礼记》中所写"事死如事生,事亡如事存,孝之至也"。《论语》中写道:"生,事之以礼,死,葬之以礼,祭之以礼。"由此可见,丧事的内容主要分为两个方面:一是礼,即丧葬之礼仪;二是哀,即在丧期内对死去的家人或亲属所表现的哀戚之情。儒家对于居丧之礼和哀戚表情都作了明确规定,尤其是其所倡导的三年之丧,更被视为对中国古代丧葬制度的加工创造。在先秦儒家的积极推动下,慢慢形成了一套以三年丧制为基础,包括居丧期间不纳吉、不饮酒、不处内等一系列规范在内的等级化、标准化、系统化的居丧礼制,从而为丁忧制度的实施奠定了礼制基础。

编订于西汉时期的儒家经典之一《礼记》,在中国儒学发展史上,完成了孝道的理论创造并达到其顶峰,"父母之丧,三年不从政"。《礼记》在理论阐述方面形成了真正的"泛孝主义"思想体系,成功地实现了孝道的政治化、社会化、泛道德化,使孝道成为是非评判的重要标准,尤其是移孝作忠、忠孝混同、"事君不忠非孝也""资于事父以事君而敬同"等思想完全迎合了封建统治者的政治需要,为各朝君主"以孝治天下"的政治路线奠定了坚实的思想基础。孝与不孝,要从三个方面加以判断,"养则观其顺也,丧则观其哀也,祭则观其敬而时也",要求为人子者,出门必告知父母,回家必面见父母,免得父母担心;父母亡故,必须依礼下葬,按制守丧,并且要做到"父母之丧,三年不从政",而这一规定正是丁忧制度实行的礼制基础,对中国人的生活方式产生了巨大影响。到了元代,"长吏以下,不为亲行服者,不得典城选举"①。使得"三年丧"成为考察和选拔官吏的重要标准,进而形成了影响官吏制度的丁忧制。

5.丁忧制度的发展

丁忧制度在封建社会两千多年的历史长河中,几经变迁,完成了由习俗到礼教,由礼教到道德规范,由道德规范上升为国家法律的历史过程。

丁忧,源自儒家"三年丧"的礼教文化,"父母之丧,三年不从政"。但是在春秋战国时期,"三年丧"更多地表现为儒家宣扬的一个口号,并没有形成习俗,更没有上升到制度层面;相反,儒家"三年丧"的礼教文化还遭到了墨家等学派的坚决反对。

秦始皇灭六国、统一中国后,开始不断地加强中央集权的专制统治。教化天下,不孝重罚。秦朝在统治思想上崇尚法家,强调"以法为教""以吏为师",企图以法的精神建立新的统治秩序。为了体现皇权之尊贵、强化精神禁锢,秦始皇号令天下臣民一律戴重孝为天子守丧三年,其间不准饮酒食肉、嫁女娶妇等。后来秦王朝二世而亡,伴随着江山易主,朝代更迭,这一制度多有变更。

"法"治中的暴政酷刑最终导致了秦朝迅速覆亡,这给了汉初统治者极大的警醒,他们非常注意总结秦亡的教训,竭力避免重蹈覆辙,开始积极探索治国安邦的良策,以期实现刘姓江山的长治久安。他们摒弃了秦王朝的暴政,把家庭作为治国平

---

① 〔南朝宋〕范晔撰、〔唐〕李贤等注:《后汉书》,北京:中华书局,2001年,1307页。

天下的出发点和落脚点，强调以孝治国，通过伦理教化构建全新的社会秩序。尤其是汉武帝"罢黜百家，独尊儒术"，儒家取代黄老，成为汉代的正统思想以后，儒家所提倡的"孝"在个人修身、家庭和睦和社会稳定方面的价值被无限放大，孝道最终成为维护社会等级关系和封建统治秩序的伦理精神基础，渗透到统治阶级的政策、法令和社会生活的方方面面，守丧之制真正普及开来。在汉代，丁忧最初是从上层社会开始，主要针对的是王室诸侯和高级官吏，并不具有普遍性。后来由于封建君主不遗余力地倡导和大力褒奖，到东汉时，社会隆礼之势日盛，居丧守制成为一种社会风尚，得到了社会各阶层的普遍认同。这一时期，居丧违制受罚和夺情起复多有出现。

晋代以来，丁忧开始对大大小小的文武官员有了普遍约束力。晋武帝带头推行三年丧制，两晋名士阮籍一家、陈寿等居丧违制遭"清议"，伴随着降品、罚俸、免官、终身废除等一系列针对官员违制的行政处罚的广泛实施，丁忧由原来可以选择的自觉自律变成了强制性行政规范。在北魏孝文帝率先垂范下，官员丁忧终于实现了由礼入律的历史性跨越，由原来的道德性规范上升为法律性规范，对官员居丧违制的惩罚由相对较轻的行政制裁变成了刑事制裁。南朝统治者兴儒重礼，在梁武帝的影响带动下，梁朝的王公大臣、皇室后裔个个崇文尚礼、饱读诗书，以居丧三年为代表的名教礼法在朝野内外得到普遍遵守，丁忧违制的清议处罚相对而言更加规范，也更为严格。

隋代法制尚未健全，对居丧期间的行为规定也不全面，但是在丁忧法制化方面却向前迈进了一步。唐代统治者主张礼法并用。唐太宗缘情制礼,《开元礼》的编纂完成,形成了对官员丁忧行为的礼制和法制层面的双重约束。唐代对官员的夺情起复虽然没有丁忧制度规定的那么详细,但也有章可循,夺情起复的对象、程序、官员起复后的工作、生活禁忌皆有详细规定。唐代时,丁忧起复不仅成为臣子忠孝的体现,更成为权位争夺的良机。王叔文丁忧遭排挤、著名诗人白居易丁忧落话柄皆与此有关。

宋代的丁忧制度经历了一个范围逐渐扩大、程序日渐完善的过程。大宋律法不仅对文武官员分别作出不同的丁忧规定,而且针对地区间的差异,武官的居丧标准也有所不同,体现了丁忧制度在实际执行中机动灵活的特点。在具体政策上,宋代不仅加强了对居丧过程的监管,还在经济和政治等诸多方面为官员丁忧提供了切实可行的保障措施。这一时期,夺情起复更为频繁。高宗三下诏书,岳飞含泪起复的故事可谓妇孺皆知。然而丁忧制度依然是官场权力倾轧、党派斗争的武器,像与王安石变法息息相关的李定丁忧、南宋理宗时史嵩之丁忧等。

元代,受蒙汉二元政治体制的影响,丁忧制度也被打上二元政治烙印。丁忧作为封建社会丧葬礼制的重要内容,在决策层面曾几度反复。最初丁忧的对象仅限汉人,此后蒙古人和色目人也加入其中。但是在实际执行中,对蒙古人和色目人并不做强行要求,更多地体现为一种自愿原则。此外元律本身对丁忧违制的惩罚力度不大。因此在整个元代,丁忧制度的执行度并不高,除了有相当一部分蒙古和色目官员不愿丁忧外,汉族官员丁忧违制的也不在少数。

明代,丁忧之制一如其高效的行政效率。首先,丁忧范围缩小,规定今后除父母及祖父母承重者丁忧外,其余期年丧不得奔赴,只能派人代为祭拜。其次,明代对丁忧的报丧程序做了严格限制,并且经历了一个由严到宽,又从宽到严,逐步完善的演变过程。再次,丁忧的禁止行为和处罚力度更加合乎人情。最后,明代的夺情起复制度更为完善。

丁忧制度在清王朝建立后命运几经转折。陈启泰上书催生旗官丁忧,虽然满汉规定有异,但毕竟开了旗人丁忧的先河。康熙年间,武官丁忧被批准,可谓居丧制度之一大变革。丁忧期间官员的待遇、丁忧违制的处罚、奔丧起复的期限都被写进了《大清律例》,可见清代的丁忧之制同样有章可循。总体来看,清代丁忧之制最大的特点即满汉官员的差异,虽然清政府不断根据形势的变化对旗人官员的丁忧政策作出调整,但是在官员丁忧方面的满汉畛域现象一直延续到清末宣统年间。随着清朝的覆亡,封建社会结束,丁忧制度也终结了其历史。

四、现代对古代孝文化的理解

"百善孝为先",长期以来,这句俗语体现了民众对孝在中华传统伦理道德体系中的重要地位的体会。中国的孝文化作为传统文化的重要组成部分、儒学的核心与根本,源远流长,博大精深,在中国历史上发挥了举足轻重的作用。孝文化是中国文化的特色,研究孝文化对于全面深入把握中国文化的本质,对于正确继承祖国传统文化遗产有重要的价值。

在中华民族发展的历史上,传统孝文化作为伦理道德准则和行为规范,在中国传统家庭养老中起着规范和约束作用,促进了家庭和睦、社会稳定,使老有所养、幼有所长。孝道中的孝亲思想是一个跨时空的永恒伦理课题,体现了对人类文明的普遍价值。孝在中国历史上经历了几个历史变迁,先秦时期孝道的形成与确立,汉魏隋唐时期"以孝治天下",宋元明清时期孝道走向极端化、愚昧化,近代孝的变革及其与社会相适应。不论时代如何改变,作为根源于人类血缘关系的"孝",都在不同程度上发挥着作用,影响着历代中国人的思想,也成为支配人们行动的准则和评判人的德行的标准。

孝文化的核心是敬老养老。作为中华民族普遍认同的优良传统,子女孝敬父母、爱护、照顾、赡养老人,使老人享受天伦之乐,这种精神无论过去、现在还是将来,都具有普遍的社会意义。今天,随着社会经济的发展,人口老龄化程度的加深,养老问题成为焦点,孝文化奠定了中华民族传统伦理道德的基础,孝文化的重塑成为历史的要求。"划清文化遗产中民主性精华同封建性糟粕的界限"[1],继承和发扬"孝"的观念和行为中的合理成分,进一步弘扬中华民族的优良传统文化和道德。孝文化对于解决家庭养老与老人的社会保障、处理现代亲子关系、建立现代家庭伦理、加强思想道德与社会主义精神文明建设,保持社会稳定,增强民族凝聚力、构建社会主义和谐社会等都有着十分重要的现实意义。

当代孝文化的构建与培育要以感恩、养亲、敬亲为主要内容,以挖掘、整理、创新传统孝文化为前提,以较高思想道德素

---

① 《邓小平文选》(第二卷),北京:人民出版社,1994年,第335页。

质的公民为载体,以家庭道德建设为基本途径,以良好的社会氛围为背景。

首先,有助于老年人"老有所养"。孝文化首倡"养老",《礼记》中曾说:"孝子之事亲也,有三道焉:生则养,没则丧,丧毕则祭。"父母在世时,子女应尽奉养责任,这是孝文化对子女的最基本要求。作为子女应当承担赡养父母的义务。

其次,有助于老年人"情有所寄"。孝文化倡导"敬老",即让老年人精神上得到慰藉,感情上有所寄托。因为老年人的生活不单单是物质上的满足,当其物质生活基本满足后,他们更需要晚辈的尊重。孔子曰:"今之孝者,是谓能养。"在物质生活的需求基本得到满足的境况下,老人也需要儿女对他们的精神的赡养。满足老人的物质需要、丰富老人的精神生活,使他们"老有所养、老有所乐",这是子女对父母应尽的基本的道德义务与社会责任。"孝"不是一味地顺从盲从,要有清醒的认识和觉悟,能做出正确的选择和判断。恪尽孝道需要人们遵循道德规范、维护"正义、道义",在尽孝时张弛有度,即拥有"智德"。

最后,传统孝道是一种扩展性和开放性的伦理规范,体现了中国传统伦理始于家庭而伸展向社会、始于私德而扩展为公德的特点。孝是最基本的伦理道德,是人自幼就有的一种朴素感情。作为人们调整家庭关系的重要规范,有利于建立民主和睦家庭生活,如果孝由小到大,由爱家推而广之去爱社会、爱天下、爱世间万物,培养团结、和谐与温情的良好社会氛围,推动社会文明、实现社会的安定祥和。

社会在进步,人的意识也在进步,要用正确的态度,发挥传统孝文化的积极作用,与时俱进,做到传统文化的时代化、社会化,使"孝"这一中华民族传统美德,永远散发灿烂的光辉。

德州与黄河的渊源

张柏琦

　　黄河是世界闻名的万里巨川,也是我国的第二条大河。它以善淤、善决、善徙而著称。在漫长的历史长河中,它为中华民族的繁荣昌盛做出过重要贡献,德州因黄河而生,因黄河而名。德州地区与黄河有着密切关系。自周定王五年(前602),河决宿胥口(今河南省浚县境淇河与卫河合流处)开始,多次流经德州地区。黄河故道泛滥遗迹在许多地方依然清晰可辨,如德州市附近马颊河左岸黄河涯和恩县大洼系公元前602年至公元11年间的黄河故道;禹城城关徒骇河右岸高地,齐河刘洪、大黄等洼地系公元11年至公元1048年黄河东流时的故道;历代流经德州地区的漯水、笃马、鬲津等河流因黄河迁徙而湮没,而现今的六六河、齐济河、大寺河都因黄河近代决口所形成;新中国成立后,随着引黄兴利事业的发展,黄河已成为德州地区发展工农业生产较可靠的水资源。

一、黄河流域的变迁

据《黄河志》，黄河发源于青海省巴颜喀拉山北麓，海拔4500米的雅拉达泽山以东的约古宗列盆地。流经青海、四川、甘肃、宁夏、内蒙古、山西、陕西、河南、山东9省区，在山东省垦利县注入渤海，流程全长5464千米，流域面积752,443平方千米，流域内有耕地2.7亿亩，总人口1.3亿。

黄河按地理位置和河流特征分为上、中、下游。从河源到内蒙古的托克托县为上游，河长3472千米，流域面积385,966平方千米，占流域总面积的51.3%。河道特点是水多沙少，河水较清，流量均匀，比降大，峡谷多，蕴藏丰富的水力资源。从托克托至河南郑州桃花峪为中游，河长1206千米，流域面积343,751平方千米，占流域总面积的45.7%。这段河道年水量247亿立方米，占全河水量的44%，年输沙量为15亿吨，占全河沙量的90%。河道特点是暴雨强度大，历时短，洪峰高，水位陡涨陡落，是黄河下游洪水泥沙的主要来源区。从桃花峪到河口为下游，河长786千米，流域面积22,726平方千米，占流域总面积的3%。这段河道比降平缓，宽浅散乱，泥沙淤积严重，河床逐年抬高，一般高出两岸地面3～5米，有的堤段高出10余米，故称"悬河"。历史上黄河变迁改道和决溢灾害主要发生在这段河道。

(一)黄河名称的演变

夏商周至春秋战国时期，居住在黄河中下游的诸夏族把黄河称为"河"，其余的河流则谓之"×水"或"××水"。《禹贡》：

"浮于淮、泗,达于河。"①《春秋》:鲁昭公十三年(前529),"公如晋,至河乃复"②。《左传·僖公四年》:周成王时,使召康公赐齐太公境界,"东至于海,西至于河,南至于穆陵,北至于无棣"③。《战国策·秦策》:"昔者齐南破荆,中破宋,西服秦,北破燕,中使韩、魏之君,地广而兵强,战胜攻取,诏令天下。济清河浊,足以为限;长城、钜坊,足以为塞。齐,五战之国也,一战不胜而无齐。故由此观之,夫战者万乘之存亡也。"④《竹书纪年》:帝尧"十九年,命共工治河","六十一年,命崇伯鲧治河","七十五年,命司空禹治河",商王武乙三十五年"王政于河、渭,大雷震死",周襄王"七年,秦伯涉河伐晋",隐王"十年,大霖雨,疾风,河水溢酸枣、郓"。⑤《庄子·秋水》:"秋水时至,百川灌河。"⑥《山海经·海内东经》:"渭水出鸟鼠同穴山,东注河。"⑦上述"河",均指黄河。

到了秦汉之际,"河"通常仍指黄河,但有时也作为其他河流的称呼。如贾谊在《过秦论·上篇》中说:秦既败山东九国之兵,"于是从(即合纵)散约败,争割地而赂秦。秦有余力而制其弊,追亡逐北,伏尸百万,流血漂橹。因利乘便,宰割天下,分裂山河。强国请服,弱国入朝"。这里的"河",就是指所有的河流。"河"这时已经不能完全代指黄河。在秦朝黄河更是有了其

---

① 顾颉刚等主编:《禹贡》,北京:中华书局,2021年,第70页。

② 《春秋》,沈阳:辽宁教育出版社,1997年,第116页。

③ 《左传》,长沙:岳麓书社,1988年,第52页。

④ 《战国策》,长春:吉林人民出版社,1996年,第56页。

⑤ 《竹书纪年》,北京:商务印书馆,1911年,第4页。

⑥ 《庄子》,北京:中华书局,2007年,第86页。

⑦ 《山海经》,杭州:浙江教育出版社,2019年,第351页。

他的称呼。《史记·秦始皇本纪》记载:"更名河曰德水,以为水德之始。"①

"黄河"这个名字,最早见于西汉初年。《汉书·高惠高后文功臣表》有载:"封爵之誓曰:'使黄河如带,泰山若厉,国以永存,爰及苗裔。'"这里意为即使黄河变成如细带一样的涓流,封国也会永远安宁。到了东汉以后,"黄河"逐渐成为母亲河的称谓,延续至今。

(二)黄河地貌的变迁

黄河的孕育、诞生、发展受制于地质作用,以地壳变动产生的构造运动为外营力,以水文地理条件下本身产生的侵蚀、搬运、堆积为内营力(地壳运动造成地表隆起断裂的一种地表变化)。在成河的历史过程中运动不息。黄土高原的水土流失与黄河下游的泥沙堆积在史前地质时期就在进行,之后受人类活动的影响与日俱增。

根据多方面的研究,古黄河有三个发展阶段:①第三纪至第四纪的早更新世为古黄河孕育期。②第四纪中更新世(距今115万年~10万年)古黄河诞生成长期。③晚更新世(距今10万年~1万年)黄河形成海洋水系。黄河变迁的情况有历史传说及史料记载,可资查考。

已有的地学资料表明,中生代燕山运动奠定了中国大陆的轮廓,新生代喜马拉雅运动塑造了中国自西向东三大阶梯的地貌格局。黄河的形成与发展即受制于这一地质、地貌条件。据

---

① 〔西汉〕司马迁:《史记·秦始皇本纪》,哈尔滨:北方文艺出版社,2019年,第14页。

地学家的研究,黄河约有150万年孕育发展的历史,先后经历过若干独立的内陆湖盆水系的孕育期和各湖盆水系逐渐贯通的成长期,最后形成一统的海洋水系。

1.古黄河孕育期

在第三纪和第四纪的早更新世(距今150万年～115万年),华北—塔里木古陆块上有许多古湖盆,在今黄河所在的区域内,自西而东有共和、西宁、陇西、宁南、银川、河套、陕北、晋西、陇东、汾渭、洛阳、沁阳及华北等古湖盆。直到早更新世晚期西部又增添了古扎陵、鄂陵湖和古若尔盖湖。由于西高东低梯形台地的形成,每个湖盆都是当地河流的归宿,今天的渤海,当时也是湖。这些湖盆水系互不连通,各自成为独立的内陆水系,拉加寺以下共和湖盆水系,刘家峡以下银川湖盆水系、由河曲以下一系列小型湖泊汇入的汾渭湖盆水系,以及华北湖盆水系,这些湖盆水系的形成与发展,孕育了黄河。

2.古黄河诞生、成长期

中更新世(距今115万年～10万年),本区地壳产生明显的差异性构造运动,某些地段由于水流强烈的溯源侵蚀逐步连通形成大河,有的湖盆萎缩,甚至被疏干涸。大体上在中更新世早期(距今115万年～50万年)阿尼玛卿山以东地区地壳出现大面积抬升,隆起段的河流负向侵蚀强烈,首先是共和湖与汾渭湖被拉开,湖泊渐次消亡,从龙羊峡至小浪底,所有的河谷地段普遍发育着最高一级阶地——第四级基座阶地,记下了古黄河的发育历程。

从晋陕、三门峡、孟津峡谷和兰州等宽谷地段古黄河及其支流发育的第三级基座阶地,共和盆地、汾渭盆地发育良好的三级阶地,以及陕北、陇东、宁南、陇西地区的墕地和圪地,都是发育在中更新世晚期(距今50万年～10万年),它的割切深度一般30～50米,最深达70米,说明这是古水文网的大发展时期。至此,除共和盆地以西和沁阳盆地以东仍为独立湖盆水系外,其余地段古黄河已相互沟通。古黄河流域中都已出现统一的古水文网系统,初期河道也基本定形。

综上所述,在长达105万年的这段时期,是黄河发育史上一个极为重要的历史阶段,是逐步发展成为一条统一的古黄河的过渡时期。

3.海洋水系的形成

距今10万年至1万年的晚更新世,系流域内古水文网发育的历史性转折期。在此期间古水文网系统发育的特点:大部分古湖盆已淤积消亡,少数存留的水域面积也大为缩小,如扎陵、鄂陵、若尔盖、临河、冀中及天津等古湖泊。此外古冀中湖因泥沙淤积使湖区面积大为缩小,其东侧断隆上升,将古湖一分为二,位于北部者仍称冀中湖,展布于南部者称古长垣湖。今天津以东水域为海水所侵占,称为古渤海,古黄河经古渤海入海。古黄河中、上游段,不论干流或支流,普遍发育有第二级阶地,峡谷与宽谷段为基座型,只有东部裂谷盆地段为堆积型,且以上叠式为主。阶地的成因,除银川、临河两处为湖成外,其他均为河流阶地,说明当时河流的侵蚀比较强烈。各河段的沉积厚度很不一致,隆起段比较薄,一般不超过30米;盆地段较厚,自15～400米不等。由此可知,晚更新世时裂谷盆地下降幅度大,隆起上升幅度也很大。因此高原古黄土沟谷切割非常厉害，并且形成完整的古沟道系统。

当古黄河贯通古湖盆入海后形成海洋水系，海平面就成为全河统一的侵蚀基准面，河床纵剖面在海平面升降控制下进行调整，并向统一的均衡曲线方向发展。从此黄河河床进入统一的调整阶段。上升段的河流作用以负向侵蚀为主，而急剧下沉的裂谷段则大量淤积，产生削高填低的夷平过程。

在距今10000年至3000年的全新世早、中期，河水上下贯通，古湖盆大都干涸、消亡，沟系发育迅猛，尤其是黄土高原，出现"千沟万壑"，是古黄河水系的大发展时期。随之土壤侵蚀严重，河水泥沙剧增。在此期间，古渤海曾两次西侵，而以中全新世入侵的范围为最大，西部边界大体达今运河附近，并在此地带留下古贝壳堤的遗迹。由于洪水泥沙增加，河水排泄受阻，因而远古洪荒时代留下了大禹治水的传说。

黄河以"善淤、善决、善徙"而著称，向有"三年两决口，百年一改道"之说。据统计，在1946年以前的几千年中，黄河决口泛滥达1593次，较大规模的改道有26次。改道最北的经海河，出大沽口；最南的经淮河，入长江。

历史时期黄河下游湖沼比现在多得多，但历史时期多数湖沼是由大变小，乃至淤灭，如圃田泽、孟渚泽、菏泽、雷夏泽、巨野泽、大陆泽等。但随着黄河的改道，也形成了一些新的湖泊，如南四湖、洪泽湖等。历史时期黄河流域的河湖演变受自然地貌、地质、气候因素的制约。总的来说，历史时期黄河流域气候日趋干燥，是地表水总体减少的一个重要原因，而人类无节制地用水加重了水资源的缺乏,黄河断流便是在这种背景下产生的。历史时期长江的河湖地貌变化也很大,其中长江中游地区的变化最明显,影响甚大。

古代的云梦是指包括今湖北东南大部分的地区,而云梦泽只是其中的湖沼地貌部分,占据着今江汉平原大部分地区。唐宋时期荆江统一河床形成后,云梦泽瓦解。由于各种原因使荆江河道的河曲高度发育,使得洪水灾害的频率更高、强度更大。历史时期长江流域的湖泊最显著的变化即洞庭湖从新石器时代的平原景观演变成为明代"方八九百里"的大湖,而鄱阳湖则是从新石器时期的古彭蠡泽演变成为今日中国第一大淡水湖。

4.黄河地貌变化

从近5000年来中国主要江河水文来看,总的趋势是江河径流量普遍减小,水位变幅增大,这既表现在黄河及其支流上,也表现在长江的一些支流上。同时西北内陆的塔里木河等河流总的来看是流程缩短,河道不断摆动以至断流,湖泊也因此多缩小而干涸。造成这种现象既有自然内部变化的不可回归和不可逆转的因素,也有人类不合理利用水资源的原因。

自公元前2000年以来的4000年中,黄河下游有两个泛流区:

第一个泛流区:从"禹王故道"到唐宋时期的河道,均在华北平原摆动,注入渤海,约有3000多年。

第二个泛流区:1128—1855年,黄河河道在黄淮平原摆动,注入黄海,约有700多年。据统计,自公元前602年至1938年的2540年间,黄河下游决溢达1590次,被称作"三年两决口,百年一改道"。对于黄河下游地区在历史上究竟发生过多少次大规模改道,说法不一。清代胡渭在《禹贡锥指》中指出,自大禹时期到明代,黄河共发生5次大规模改道。清代刘鹗在《历代黄河变迁图考》中的黄河变迁图里绘出6次大规模改道。历史时期黄河决口改道频繁,各流路的年限长短不一。对于这一现象,以徐福龄提出的5次大规模改道为基本脉络图。有史料记载,黄河各大流路自然迁徙基本上是由北向南运动的。

5次大规模改道分别为:

第一,禹王故道。大禹治河后形成的这一流路,流经饶阳地区北平原北部至天津一带入海。由于沿途湖盆众多、容沙空间广阔,因此行水年限达1000多年。

第二,西汉流路。周定王五年(前602),黄河从宿胥口(今淇河、卫河合流处)袭夺深川河道,经黄一带入海。这是有记载以来的第一次大改道,形成了一条比禹王故道后期河道长度大为缩短的流路,在并无大的工程治理条件下行水600多年。

第三,东汉流路。西汉、东汉之交(8—75年间),黄河在魏郡(今濮阳市西)决口后进入济阳地区形成的一条流路,也称为古利津流路。黄河第二次大改道形成的古利津流路,与前两条流路非常相似,均流经地壳沉降幅度大、湖泊众多、适于大河行水的地区。

第四,宋代流路。宋仁宗庆历八年(1048),黄河从商胡(今河南濮阳)决口后向北迁徙,形成第三次大改道,黄河流经今馆陶、临清、景县等地区,于天津以南入海,宋代称为"北流"。宋仁宗嘉祐五年(1060),黄河在魏郡以东分出一条支流,经高唐、乐陵至无棣入海,宋代称为"东流"。由于先是双流并行,后又复归北流,因此这一时期为河流行水混乱、溃决频繁的时代。宋高宗建炎二年(1128),黄河人为决口于李固渡(今河南省滑县),向南迁徙至徐淮流路,形成第四次大改道。这次改道后,黄河进入了一个地质作用非常不利于大河行水的时期。

第五,现行流路。清咸丰五年(1855),黄河在河南铜瓦厢(今河南省兰考县东坝头)决口,向北迁移进入黄骅地区后又继续东流,穿越泰山隆起的西北侧进入济阳地区,然后从利津经由东营入海。第五次大改道形成的现今利津流路,终于成为排列于华北平原最南侧的一条河流,与古利津流路可以说是殊途同归。

5.河道变迁与中华民族发展的关系

历史上黄河流域人口分布有一个重要特点,就是围绕京畿特别集中,如始皇时期的咸阳,隋唐时期的洛阳,宋代东京(今开封)等。历朝历代每个正常运行的统治集团都将"河防"列为当朝要务,与河事相关的漕运、灌溉等水利事业亦渐次兴起,促进了中华民族的发展和繁荣。例如,大禹治水后千年无河患,奠定了华夏民族兴起与发展的基础;汉代王景将黄河流路基本稳定在利津一带入海近千年之久,创造了"禹王故道"之后流路稳定时间最长的纪录,使中华大地历经魏晋南北朝的多元文化激荡时期,终至形成气度恢宏、史诗般壮丽的隋唐文化。黄河在客观上以生命的源泉和动力推进了人类的文明与进步。历史上的政治清明时期或处于上升阶段的政治集团,往往能做到选贤任能,充分发挥治河领袖人物的才干,实现黄河大治和长期稳定，而社会大动荡时代的黄河失治也给中国人民带来了沉重灾难。

二、德州因黄河而得名

根据史料记载，汉朝设立的安德县是今天德州的雏形，是依德水而建的城市。而德水就是我们现在所指的中华民族的发祥地——黄河。

（一）德水的来历

安德，得名来源于德水，而德水一名为古黄河别称，当年秦始皇大幸天下时赐名，寓意此地得水之上善。在秦之前，古代人称为河水、大河、浊河等，至秦朝时秦始皇利用阴阳五行学说将古黄河更名德水。

邹衍（也写作驺衍）创立的"五德终始"说，是一种著名的历史循环论，阴阳家用此说解释社会历史的运行。邹衍运用阴阳五行理论来阐释宇宙演变和历史兴衰，创为"五德终始"之说，影响甚大。后来的《吕氏春秋》、董仲舒的《春秋繁露》、刘向的《洪范五行传论》（梁任公在其《饮冰室文集·阴阳五行说之来历》中谈到阴阳学说之害时说道："宜负罪责者三人焉……曰邹衍，曰董仲舒，曰刘向。"可见阴阳家其要）等，都是以阴阳五行为思想基干。"五德"在形式上附会物质化的五行，指木德、火德、土德、金德、水德。这五种"德"分别与东、南、中、西、北相应，又与服色的青、赤、黄、白、黑相应。以"五德"应用于社会历史，使之各与朝代相应，皆自有始有终，始于朝代建立时的祥瑞，终于朝代灭亡时的灾异，终而复始，循环不止，也就形成"五德终始"说。五行有相生和相克两种循环:相生顺序是木—火—土—金—水,前者生后者,至水而再生木;相克顺序是土—木—金—火—水,后者克前者,至水而再克土,即所谓"胜者用事"。邹衍说:"五德之次,从所不胜,故虞土、夏木、殷金、周火。"他认为虞(舜)、夏、商、周的历史是一个胜负转化的发展过程。就是"土为木胜,木为金胜,金为火胜"。又据《史记·封禅书》云:"秦始皇既并天下而帝,或曰:'黄帝得土德,黄龙地蟥见。夏得木德,青龙止于郊,草木畅茂。殷得金德,银自山溢。周得火德,有赤乌之符。今秦变周,水德之时。昔秦文公出猎,获黑龙,此其水德之瑞。'于是秦更命河曰'德水',以冬十月为年首,色上黑,度以六为名,音上大吕,事统上法。"①因此黄帝为土德,黄帝时见"黄龙地蟥见",土黄色也,故得土德;夏为木德,见"青龙止于郊",木青色也,故得木德;殷为金德,见"银自山溢",银金同也,其为白色,故得金德;周为火德,武王东征见"赤乌之符",火赤色也,故得火德;秦代周而有天下,火为水胜,昔秦文公出猎获黑龙,水黑色也,故得水德。这就是"五德终始"说。

秦始皇建立秦王朝后,结束了春秋战国几百年诸侯称霸混战的动荡局面。秦实行郡县制等,与夏、商、周的社会制度和国策截然不同。《史记·秦始皇本纪》:"始皇推终始五德之传,以为周得火德,秦代周德,从所不胜。方今水德之始……更名河曰德水,以为水德之始。"②以五德解释朝代更替之因和治国安民

---

① 〔西汉〕司马迁:《史记》,哈尔滨:北方文艺出版社,2019年,第15页。
② 〔西汉〕司马迁:《史记》,哈尔滨:北方文艺出版社,2019年,第16页。

之道,认为周朝为火德,秦朝为水德,秦取代周,是水克火,水战胜了火。于是秦始皇更古黄河之名,称为德水。

(二)安德改德州

三国魏晋南北朝时期,今德州市陵城区建制、隶属变化频繁,北魏时今陵城市区设有鬲县,这一时期曾分别于安德县、鬲县设安德郡,到北齐时鬲县并入安德县且移治今陵城区。隋及唐初"州制"逐渐取代"郡制",安德县历为安德郡、德州、平原郡等治所,唐中期以后稳定为德州安德县。此外隋开皇十六年(596)于县西北设将陵县,将陵县也随属之。北宋景祐元年(1034),将陵县迁至长河镇。元宪宗二年(1252)将陵县升为州称陵州,元至元二年(1265)短暂降为陵县,此为陵县之始且治于今德城区,而次年又升为陵州。明洪武元年(1368),陵州又降为陵县;明洪武七年(1374)安德县、陵县省入德州,陵州历史结束,德州直领原两县之地,且治所由原安德县移治陵县城;洪武十三年(1380)又于原安德县城(今陵城区)设陵县,自此德州、陵县治所互换,今陵城区千余年郡州历史结束,由陵州变为陵县。

明代,德州为济南府所辖散州,陵县隶属济南府德州,到清雍正时散州不再领县,陵县直属于济南府,民国初废府存道,陵县隶属济西道、德临道,后曾直属于山东省。1943年为纪念牺牲的吴匡五县长,陵县改称匡五县,新中国成立前恢复陵县旧名。今德州城作为州(地、市)治所,从明洪武七年(1374)算起,至今有600多年的历史。

元明清时期,德州是京杭大运河的重要码头,今是山东省西北部的主要城市,这是历史所确立的德州应有的名城地位。

历史上德州两个州址相距30千米,近在咫尺。今陵城区为州址800多年,今德城区为州址至今600多年。明时"陵德互易"的州址,现在看来,也可以认为是州府治所之址,仅从大德州城的城东搬到了城西而已。

新中国成立后,陵县隶属渤海行政区泺北专区,1950年改属德州专区,1952年德县、陵县合并称德县,县政府位于今陵城区,1958年德县并入平原县,到1961年德县从平原县分出且改称陵县,隶属德州专区,此后为德州地区、德州市所辖。2014年12月,陵县撤销,以其原行政区域设为德州市陵城区至今。

三、德州地区黄河段的变迁

在两千多年的历史记载中,黄河曾多次流经德州地区,黄河故道和泛滥遗迹,现在在许多地方还清晰可见。自周定王五年(前602),河决宿胥口(今河南省浚县境淇河与卫河合流处)开始,多次流经德州地区。德州的城址早期也因黄河的几次改道而不断变化,现德州境内仍旧留有部分黄河故道,现今的德州部分河流也缘于清末黄河改道,由此可见,在德州的历史发展中黄河留下了浓墨重彩的一笔。新中国成立后,随着引黄兴利事业的发展,黄河已成为德州地区发展工农业生产较可靠的水资源。黄河夺淮南行700多年间,德州地区受黄河影响较小,自清咸丰五年(1855)黄河再次改道后,决口之患又威胁着沿黄人民。

(一)德州地区黄河位置的变化

德州地处华北平原,华北平原的绝大部分地域(包括德州)

是黄河在百万年中所带来的大量泥沙冲积而成。历史上黄河下游长期流经德州区域,据有关史料记载:

鬲津河。为夏禹疏九河之一。《水经注》载:"大河流经平原鬲县古城西。"[1]据《唐宋地理志》记载,鬲津故道在今德州城东附近。自周定王五年(前602)始,经今平原县西东夺古鬲津河段北行至黄骅入海,行水470年。

笃子河。《汉书·地理志》载:"平原郡有笃马河,东北入海五百六十里。"[2]《续山东考古录》和清道光本《陵县志》载:"按《水经注》(汉)屯氏别河南渎,自平原东,绝大河故渎,经平原故城北,亦通谓之笃马河,东北经安德故城(今平原县马腰务村)西、临齐城(今陵县城)东、平昌故城(今陵县糜镇)北……至沾化北入海。"[3]东汉明帝永平十二年至十三年(69—70)修成。结合《禹贡锥指》[4]所载和《中国历史地图集》[5]所标线路:该河经平原东、安德故城南,即今平原和禹城两城之间,今陵县和临邑两城之间。在今临邑城西北又东行……到利津城南入海。至北宋景祐之年(1034)淤塞而止,行水964年。

马颊河。《新唐书·地理志》载:"德州(平原郡),有马颊河,

---

①〔北魏〕郦道元:《水经注》,北京:商务印书馆,1958年,第39页。

②〔东汉〕班固撰、〔唐〕颜师古注:《汉书》,北京:中华书局,2007年,第21页。

③陵县地方史志编纂委员会编:《陵县志》,北京:方志出版社,2013年,第93页。

④〔清〕胡渭著、邹逸麟整理:《禹贡锥指》,上海:上海古籍出版社,2013年,第63页。

⑤谭其骧主编:《中国历史地图集》,北京:中国地图出版社,1996年。

久视元年开。"①宋仁宗嘉祐五年(1060),黄河向东决出一条分流,时人称"东流",注入马颊河,其河道路线至今没有大的变化。

由于黄河的长期冲积、泛滥和迁徙改道的影响,造成了目前德州的地形地貌景观。地形自西南向东北倾斜。地面最高处,位于夏津陈公堤高地,海拔32.6米(黄海基面,以下同),最低处位于庆云东北,海拔5.3米。由此可见,德州城所在的位置是随着黄河变迁而不断变化的,在黄河改道的过程中,德州的城址也随之不断变化,直到明代,随着京杭大运河的影响不断加深,黄河流域影响减弱,德州城址才固定下来,稳定发展。

(二)德州地区黄河的特征

德州地区黄河现行河道系原大清河河道,古称济水,因历代舟楫多自河口经此运盐至内地,故又称盐河。清咸丰五年(1855)黄河在河南兰阳(今兰考县)北岸铜瓦厢决口,穿运河夺大清河河道入海,行河迄今。

黄河由聊城地区东阿县李营险工进入德州地区齐河县潘庄险工后,流经东北流,至齐河南坦险工折向东北偏东方向流,至大王庙险工转折东稍偏南方向流,过济南市北洛口后又折东北流入济阳县境,经济阳南关东北流,由济阳县考桑渡进入惠民地区惠民县境。黄河流经德州地区齐河等处,流程为135.3千米,河床比降万分之一左右。从长时段看,河槽呈单向淤积状,新中国成立后,平均淤积达1.88米,属弯曲性河段。

---

① 〔北宋〕欧阳修等:《新唐书·地理志》,北京:中华书局,1975年,第75页。

黄河在现行河道已行河121年（扣除1938年至1946年南行9年），由于大量泥沙淤积，河床逐渐抬高，临河与背河的悬差逐渐增大而形成"悬河"。一般堤段临、背悬差3～5米，高者达7米，过去泛滥决口遗留的老龙口（如大王府），悬差竟达13米，是当地有名的"老龙湾"。新中国成立后，经过堤防培修和淤背固堤，老龙口得到淤填，薄弱堤段得以加固，临背悬差减小。

德州地区黄河河道内有14个滩区，35个河滩村。滩区群众为保护生产，修筑生产堤，阻碍了水沙进滩，致使主槽逐年淤高，滩地横比降逐渐增大，加之多年修堤取土，临河堤根人为形成"堤河"，出现"斜河、滚河"的可能性依然存在，严重威胁着堤防的安全。如齐河的八里庄滩区、济阳的邢家渡滩区，1976年均因顺堤行洪而抢险。

德州地区黄河有四个较显著的自然特点：第一，河道上宽下窄。齐河南坦以上河段对岸临山，不设堤防，汛期盛水时水面宽达4～7千米，南坦以下至八里庄，是黄河下游窄河段之一，堤距最窄处尚不足0.5千米，伏秋大汛壅水抬高水位，凌汛易于卡凌出险，是防洪防凌的重点河段。第二，地理位置重要，险工多。所辖堤防是华北平原的门户，决口失事，严重危及京津以南广大地区的安全。整个河段有21处险工，1004段坝岸，险工长度43.23千米，占堤防总长度的31%，修防任务繁重。第三，临背悬差大。河床普遍高出背河地面3～5米，而且仍在抬高，这是黄河难以治理的根本所在。第四，黄河流经德州地区南端，水沙资源丰沛，而德州地区地势自西南向东北倾斜，地形和水源的天然结合为引用黄河水发展工农业生产提供了优越条件。

四、德州地区黄河治理

从"禹疏九河"至周定王五年(前602),河行禹王故道,与德州地区关联不大。是年,河决宿胥口(河南浚县淇河与卫河合流处),大河改道南移,"经今河南的荥阳北、延津西、滑县东、浚县南、濮阳西南、内黄东南、清丰北、南乐西北,河北的大名东,山东的冠县西,过馆陶镇后,经临清南、高唐东南、平原南、绕平原西南,由德州市东复入河北,自河北吴桥西北流向东北,至沧州市折转向东,在黄骅县西南一带入海"①。自此黄河跨越德州地区大部,决溢之患时常袭来。

铜瓦厢决口后,清政府忙于扩兵镇压农民起义,无力顾及堵口,加之对堵口归故和改河北流展议不决,任其泛滥20余年,沿河居民众多,官堤民堤多不连贯,难御洪水,却为后来临黄大堤的形成奠定了基础。清光绪十年(1884)官堤形成,有了较完整的堤防。德堤的形成虽经不断培修,但因标准降低,清同治九年(1870)到清光绪二十四年(1898)的28年间,有20年决口,特别是光绪年间,几至无岁不决,无岁不数决。黄河决口,北至徒骇河,黄水所及,房舍倒尽、地被沙压。"田庐牲畜尽被水淹,老幼相携流促,死尸遍野。"(《齐河县志》)人们谈黄色变。

---

① 黄河水利委员会编:《黄河水利史述要》,郑州:黄河水利出版社,1982年,第53页。

(一)明清时期黄河治理

清朝治河以保漕运为主。清朝初年,沿用明代旧制设河道总督,以运河为主司,兼理黄河。清顺治元年(1644)即命兵部尚书杨方兴为河道总督,驻济宁,统理江南和河南、山东的河务。

德州地区黄河现行河道堤防是清咸丰五年(1855)铜瓦厢决口之后逐渐形成的。1855年黄河决口之时,正值太平天国农民起义和捻军兴起,清政府极力扩军镇压,经费短缺,无力顾及河务,任其泛滥。当年七月,咸丰帝诏谕:"现值军务未平,饷粮不继,若能因势利导,使黄河通畅入海,则兰阳决口即可暂缓堵筑。"十二月,李均、崇恩查勘河口后奏称:"漫溢处所被灾甚广,水势浅缓之处居民皆筑埝自卫,拟就漫水所及,劝民接筑。"咸丰帝乃"令直隶、河南、山东督抚妥为劝办"。①

德州地区河段内的大清河本是"宽仅十丈,深仅数尺"的地下河道,黄河夺流后,因河身小,不能容纳黄河洪水,一遇涨水便漫溢成灾,故沿河居民自筑小埝,保护田园村庄。至清同治六年(1867)德州河段的民埝全部修成。同年十二月,山东巡抚丁宝桢在查验民埝后奏称:"民埝由利津向上游至齐河五百七十余里一律完竣,由齐河上至张秋二百八十里也已完工。"②民埝始由沿河绅民自办,后由朝廷酌加津贴,修做时多系临水立

① 本段引用均出自包锡成、窦守宽:《山东黄河志》,济南:山东人民出版社,1988年,第166页。

② 山东黄河河务局:《德州地区黄河志》,郑州:黄河水利出版社,1990年,第32页。

埝,无统一标准。因此,各河段堤距宽窄不一,弯曲过多。

在民埝形成之前,因清政府对黄河堵口归故和改河北流两种意见久议不决,加之府库空虚,经费难筹,一直未修官堤。至清同治十三年(1874),行河山东已成定局,又因河道淤积,民埝难御盛涨的洪水,便从清光绪元年(1875)开始,修筑了两岸官堤。德州河段内的官堤是清光绪九年(1883)汛后动工,次年春竣工。官堤底宽八丈、顶宽二丈、高八尺(按公制换算,1尺约等于0.33米,即底宽约26.4米、顶宽约6.7米、高约2.64米),距河槽五六里至七八里不等。今齐河县马集乡雷屯至贾市乡白庄的金堤即当时修筑的官堤。

官堤修成后,即形成了民埝、官堤两道防线。因民埝临河近水,在堤内居住的百姓只守民埝不守官堤。因民埝卑薄且矮小,此后逐渐演变为弃堤守埝的局面,官堤失修。

(二)辛亥革命后黄河情况

1911年,辛亥革命爆发,清王朝被推翻,于1912年建立了中华民国。民国初期,军阀混战,国家四分五裂,很长时期内没有流域性治黄机构,河南、河北、山东三省各设河务局分而治之,互不相谋。当时"山东河务局每年修防经费核准为48万元,修守大堤每里平均用款382元,除员工薪饷等开支外,山东全河每年用于修堤防汛的经费仅23.3万元,每里平均只有188元"[1]。由于治河经费短缺,河防工程严重失修。在风雨剥蚀之下,再加上战争破坏,堤防埽坝千疮百孔,十分残破。

---

① 包锡成、窦守宽:《山东黄河志》,济南:山东人民出版社,1988年,第169页。

同时期内有军阀混战,外有帝国主义侵略,国家四分五裂,中华民族处于水深火热之中。黄河治理,经费奇缺,堤防失修,"险象纷呈,筹防困难",致使堤防千疮百孔,洪水危机四伏。自1912年至1938年国民党军队在花园口制造决堤事件的27年中,山东河段有19年决溢。1937年,韩复榘南逃,在齐河县豆腐窝、谯庄、王窑等处扒口,因水流较小,救补及时,没有酿成大祸。1938年国民党军队在郑州花园口决堤放水,黄河改道由徐淮入海,淹没豫苏皖大片土地,形成了震惊中外的黄泛区。

　　民国时期,西方水利新技术的引进,使治河技术有所发展。如设立水文站,用科学方法进行水文测验;沿堤架设电话线路,用电报拍发水情;对河道堤防进行绘图测量;在齐河红庙等处修建虹吸进行放淤试验;等等。水利专家李仪祉对引进西方新技术做出了贡献,提出上、中、下游和河口全面治理的方略,并研究和推广了实验成果。终因国家政治腐败,战乱不息,财政枯竭,仁人志士只能望河兴叹,治理黄河成为泡影。

　　1945年抗日战争胜利后,国民党又于1946年发动全面内战,为实现其水淹解放区的阴谋,不顾下游河床内40多万居民的死活,悍然下令堵复花园口口门。当时,故道堤防经过八年抗日战争的破坏和风雨剥蚀,已是沟壑纵横,残破不堪。苏皖黄泛区人民十分痛苦,同意引黄河入故道。中国共产党顾全大局,为解除豫故,提出了先复堤、迁移河床居民而后堵口的合理主张。为此,中国共产党代表与国民党代表进行了多次谈判,并达成部分协议。但国民党一再违反协议,强行提前堵口放水。1947年3月15日,花园口合龙,黄水流入故道。

为保卫解放区人民的利益不受损失,冀鲁豫和渤海解放区政府领导解放区人民反蒋治黄、保家自卫,贯彻"确保临黄、固守金堤、不准决口"的方针,在极端困难条件下,"一手拿枪、一手拿铁锹"开展反蒋治黄斗争。自1946年春开始至1949年,进行了大规模的复堤整险工程。在解放区人民紧张修堤的同时,国民党一面加紧堵口,一面派遣军警特务破坏阻挠修堤,使用飞机轰炸复堤工地,德州河段有17名干部、民工遭杀害。共产党、人民政府领导人民打退国民党军队的进攻,排除干扰,坚持修堤。4年内,德州河段完成修堤土方362.87万立方米,人民献砖献石3万余立方米,修复了残破的堤防险工,战胜了黄河洪水,粉碎了国民党水淹解放区的阴谋,迎来了新中国的诞生。

(三)新中国成立后的黄河治理

新中国成立后,党中央、国务院高度重视黄河治理。毛泽东、周恩来等党和国家领导人曾多次视察黄河,听取治黄工作汇报,审定治黄的战略方针和重大措施。

为保障黄河行水畅顺和区域经济的稳步发展,治河部门自1949年后对入海流路先后实施了3次人工改道工程:1953年,由甜水沟改走神仙沟流路;1964年,由神仙沟改走习口河流路;1976年,由习口河改走现行的清水沟流路,同时相应向下游延续防洪堤坝,形成了完善的入海流路防洪工程体系。一系列有计划的黄河入海流路治理工程,促进了胜利油田的开发和东营市的诞生。对山东省、黄河流域乃至全国经济的发展都产生了重大而深远的影响。黄河径流量减小,因此黄河下游流路大摆动带来的劫难得以根除。但是大规模治黄工程的长期累积和水资源的巨量耗费,在使黄河下游洪水发生概率不断降低的同时,却导致黄河逐步走向了径流量减小以至断流的困境。

1952年,毛泽东视察黄河,提出"要把黄河的事情办好"的号召。新中国成立初期,确定的治黄方针是"变害河为利河,上、中、下三游统筹,干、支流兼顾"。黄河下游的治理方针是"依靠群众,保证不决口、不改道,以保障人民生命财产和社会主义建设"。①

1955年7月,第一届全国人民代表大会第二次会议通过《关于根治黄河水害和开发黄河水利的综合规划的报告》,揭开了黄河全面开发综合治理的新篇章,确立了"蓄水拦沙、梯纵开发"方案,相继兴建了三门峡水库和位山、洛口、王旺庄拦河枢纽工程。由于对黄河自然规律和泥沙淤积的严重性认识不足,三门峡水库运用后严重淤积,后又进行改建,改变运用方式并破除了三门峡以下拦河枢纽工程。

经过30多年治黄实践,总结经验教训,1976年,确定了"上拦下排,两岸分滞"的治黄方策,即上、中游拦水拦沙,下游排洪排沙入海,两岸分滞洪水。新中国成立后,在除害兴利总方针指引下,德州地区人民在各个时期治黄方针指引下,按照上级统一部署对黄河进行了大规模治理。

1.消除堤防隐患

从1950年至1985年,对临黄大堤进行了三次大规模培修,在培修堤防的同时,为消除堤身隐患,自1950年开始,采取锥

---

① 山东黄河河务局:《德州地区黄河志》,郑州:黄河水利出版社,1990年,第131页。

探灌浆、修筑戗堤、抽槽换土、修筑黏土斜墙、抽水泅堤、填塘固基等多种工程措施,至1972年底共消除堤防隐患36,866处,防渗固堤效果显著。

新中国成立前,黄河险工多为秸埽,不抗冲刷且易腐朽。新中国成立后,随着堤防加高,险工坝岸也相应改建加高。20世纪50年代,实现了险工石化。到1985年,改建险工坝岸用石106.06万立方米,21处险工的1004段坝岸中,有932段坝岸达到了1983年设防标准。修筑护滩控导工程是控导河势、固滩保堤的重要措施。德州段黄河从1950年在大八里和邢家渡修筑护滩控导工程开始,先后共修筑了11处护滩控导工程,有坝垛181段,和险工互相配合,在稳定中水位河槽、固定险工、稳定涵闸引水、护滩保堤中发挥了重要作用。

为减轻凌洪对齐河窄河段的威胁,确保济南市和京沪铁路中间段安全,1971年,经水电部批准,修建了齐河北展工程。当发生严重凌洪或花园口站发生3万至4.6万立方米/秒的特大洪水时,除采取其他拦洪滞洪措施外,再向展宽区分凌、分洪,以保安全。

2.提防旱涝碱灾

旱涝碱是德州地区农业生产长期落后,产量低而不稳的主要原因之一,据史料记载,公元前602年就有"齐鲁大旱"的记述,自明朝以后才有较系统的记述。据《德州地区旱涝规律分析》所载:自1368年至1985年的618年间,德州地区共发生旱情296次,平均2.1年发生一次;涝情227次,平均2.7年发生一次(不包括黄河及运河决堤造成的洪涝年)。旱涝合计共发生

523次。几乎年年非旱即涝,或旱涝皆有。其中:

特旱年35次,平均17.7年一次;重旱年64次,平均9.7年一次;轻旱年197次,平均3.1年一次。特旱年约20年一遇,如最近100年间有1920年、1940年、1968年均为特旱年。也有连续几年特旱的情况,如1639—1640年(明末崇祯年间)、1811—1813年(清嘉庆年间)、1940—1942年都是连续几年特旱或大旱。[①]

特涝年17次,平均36.4年一次;重涝年34次,平均18.2年一次;轻涝年176次,平均3.5年一次;特涝年约35年一遇,最长相隔173年。连续发生特涝重涝的年份也有出现。如1961—1964年,德州地区连续发生涝情。每年涝灾面积都超过600万亩,1961年涝灾面积达930万亩,占全区耕地的80%。

新中国成立前,由于长期封建统治,科学技术落后,历代旱涝灾情悲惨景象不绝于书。明崇祯十三年(1640)"济阳大旱","闰正月元日雷电大作。雨雪盈尺,春夏大旱,野无青草,斗粟二金,人相食……死者枕藉,十村九墟,人烟几绝"。[②]"清道光二十年(1840)德州地区大水,济阳、齐河水涝为灾。禹城、临邑、平原皆春旱,秋大水,全区成灾县12个。"(《山东省清代水旱灾情》)1939年至1942年华北连年大旱。1940年"德州地区特旱,小麦无收,夏秋连旱,土地如焚",1941年"全年土地缺水,

————————
① 山东黄河河务局:《德州地区黄河志》,郑州:黄河水利出版社,1990年,第29页。

② 山东黄河河务局:《德州地区黄河志》,郑州:黄河水利出版社,1990年,第36页。

树皮草根食之殆尽",1942年"赤地千里,树木皆枯,民众饿断肠,壮者外逃,老弱转乎沟壑"。

新中国成立后,在党和人民政府的领导下,经中央批准,对鲁西北地区进行综合治理,疏浚开宽河道,重点整治了马颊河和徒骇河,新挖了德惠新河,整治了四女寺减河,初步治理了流域面积为30平方千米的小河近百条,为排洪排涝创造了条件。为抗旱灌溉,在黄河上修建了引黄涵闸和虹吸工程,总引水能力达312立方米/秒,灌溉面积722万亩,抗御旱涝灾害的能力大大增强。

在解决洪涝灾害时,国家还注重盐碱地的改造。土地盐碱化是德州地区长期难以解决的自然灾害之一,它与年降水量时空分布极不均匀、沟河排水不畅、地下径流条件不良等自然因素密切相关。除河间浅平洼地、沿黄背河槽形洼地及沉沙池周围等处外,历代黄河变迁形成的封闭洼地也是水盐的汇聚区。德州地区有"岗旱、洼涝、二坡碱"的特点。史载"濒沿黄四五里之村,日浸月渗尽成碱地,早春野望一白无际",靠近坡洼碱地者"土地瘠薄,粮不糊口,以熬硝度日,或离乡背井下关东"。[①]新中国成立初调查统计,德州地区盐碱荒地面积占耕地面积8.3%,约128万亩。

1956年农业合作化运动开始后虽开垦了部分碱荒地,发展生产、兴修水利,但未从根本上整治,盐碱化土地面积并未显著减少。1958年,引水灌溉实行大蓄、大灌,造成地下水位上升,

---

① 山东黄河河务局:《德州地区黄河志》,郑州:黄河水利出版社,1990年,第33页。

土地次生盐碱化。1959年,盐碱地面积增至251万亩。三年困难时期,土地荒芜,盐碱地面积增至326万亩,1962年停止引黄。1964年成立马颊河工程局(今中国水利电力第十三工程局前身),开始对鲁西北进行综合治理。自引黄复灌后,总结教训注意灌排配套,德州地区盐碱地面积有所减少,1970年下降为205万亩。1971年后引黄有了较快发展,但由于采取了截渗、速灌速排、提灌等办法。盐碱化土地面积一般控制在200万亩以下,到1985年盐碱地有164万亩。近年来由于天旱无雨,很多地方拦河建闸、打坝,堵截排水沟,用于抗旱急需,灌排系统不能配套,盐碱地面积复增的可能性依然存在。

3.淤地改土

淤地改土进而种植水稻是沿黄人民在党和政府的领导下,根据黄河多泥沙的特点,结合本地情况,探索出的综合利用水沙资源变害为利,改造自然、发展生产的有效途径之一。新中国成立初期,齐河、济阳两县沿黄17个乡镇近74万亩耕地中,有盐碱地16万亩、飞沙薄地10万亩,还有黄河决口遗留下的龙门口40处,濒临黄河3千米内,每年"春季白茫茫,夏季水汪汪,只长芦苇不打粮",农业生产长期落后,群众生活十分艰苦。1956年兴办虹吸引黄灌溉时,山东省河务局提出:"由于黄河含沙量大,大堤附近多属盐碱,堤内外又是临背悬差,故引黄灌溉必须结合巩固堤防和改良土壤。"[1]1956—1958年,引黄多利用背河洼地塘坑或碱荒地,顺堤筑堰沉淀泥沙,浑水沉淀淤改土

---

[1] 山东地方史志委员会:《山东省志:黄河志》,济南:山东人民出版社,1998年,第271页。

地试种水稻,清水浇田。当时齐河县南坦、王窑灌区的城关、米三里等村薄地2500余亩,济阳县沟阳灌区的沟阳、大小杨家、吴家寨、城关的菅家、朱家等村不毛之地2000亩,淤改后试种水稻成功,沿黄一些洼碱荒地及王窑、大王庙等龙门口也得到淤淀,达到了"淤背固堤、淤改洼碱、灌田增产"的目的。

1964年后,引黄灌溉规模逐年发展。沿黄中、小灌区建扬水站提高背河水位,增加淤背高度,浑水进田,发展水稻。大型灌区则筑围堤建池沉沙,结合引黄灌溉,放淤改土。到1975年,扬水沉沙受到高度限制已不能适应要求,必须另找泥沙出路。济阳县王圈乡在1975年组织3000名劳力大干15天,将1700亩洼碱地修成能容60万立方米水的围塘,当年夏季连续放淤淤厚1米左右,秋季种小麦,第二年亩产400余斤,全年亩产粮食800斤。王圈乡放淤改土成功,人们受到鼓舞。第二年济阳县成立淤改办公室,在三教、王圈两乡又淤改土地3500亩。

4.洪水治理

1986—2005年,流经德州黄河河道的洪水主要有五个方面特征:

一是没有发生大于8000立方米/秒的洪水。花园口站发生大于3000立方米/秒的洪水有17年,大于6000立方米/秒的有5年,分别为1988年、1989年、1992年、1994年和1996年,其中1996年8月洪水7860立方米/秒为最大,其他年份的洪水多在1500立方米/秒～2780立方米/秒,最小为2000年的773立方米/秒。

二是同流量水位表现高。1986—1999年,3000立方米/秒的水位,使位于德州河段上端的艾山站抬高1.65米,下端的泺口站抬高1.74米,德州河段应抬高1.60～1.70米,每年抬高0.10米左右。

三是洪峰传播时间延长。由于河槽积水,中小洪水亦会出槽漫滩,致洪水滞留。1996年8月洪水,洪峰从花园口到孙口,传播历时达224.5小时,是历史同级流量洪水平均传播时间的4.7倍。

四是洪水漫滩年份减少。尽管主河槽积水严重,同流量洪水水位抬高,但洪水漫滩年份仍然减少。1986—2005年,德州河段发生大面积洪水漫滩,造成防洪形势严峻的年份仅有1996年。

五是由于气候变暖和三门峡、小浪底水库对洪水的调蓄,凌汛威胁大大减轻,20年间德州河段没有发生严重凌情。[①]

5.滩区村庄搬迁

黄河主槽与大堤之间随洪水涨落而流没、露出的土地即为黄河滩区。黄河滩区既是黄河行洪河道的组成部分,也是滩区人民世代赖以生存的地方。德州黄河河道内有水坡、孔官、联五、曹营、大庞、南坦、李家岸7处滩区,在规定年限内已经完成搬迁工作。

6.治河新理念

2004年初,水利部黄河水利委员会(以下简称"黄委会")党

---

① 山东黄河河务局:《德州地区黄河志》,郑州:黄河水利出版社,1990年,第18页。

组正式提出"维持黄河健康生命"的治河新理念,将"维持黄河健康生命"作为黄河治理开发与管理的终极目标。逐步形成"1493"维持黄河健康生命基本理论框架,即一个终极目标是维持黄河健康生命。体现终极目标的主要标志是"堤防不决口,河道不断流,污染不超标,河床不抬高"。实现四项标志需要通过九条治理途径:减少入黄泥沙的措施建设;流域及相关地区水资源利用的有效管理;增加黄河水资源量的外流域调水方案;黄河水沙调控体系建设;制定黄河下游河道科学合理的治理方略;使下游河道主槽水量不萎缩;满足降低污染半径比污染不超标的水量更低;治理黄河河口,以尽量减少其对下游河道的反馈影响;黄河三角洲生态系统的良性维持。为确保以上九条途径的实现,黄委会提出建设"原型黄河""数字黄河""模型黄河"。目的是实现治河现代化,把当代最新科技成果应用于治河实践,推动黄河治理开发与管理现代化。"原型黄河"是自然界中的黄河,治理的目标是实现"堤防不决口,河道不断流,污染不超标,河床不抬高"。"数字黄河"是计算机里的黄河,将黄河的信息输入电脑,建立模型,进行模拟。主要包括信息采集系统、数据传输系统数字存储及处理系统、数学模拟系统和决策支持系统五大技术环节。2003年4月,水利部批复《"数字黄河"工程规划》。德州黄河河务局积极推广"数字黄河""模型黄河",在实验室中反复推衍,而为了更好地进行推广,黄运文化研究院已建成并投入试验。

五、今日德州地区黄河的发展

黄河流域水资源开发利用率从20世纪50年代的21.4%猛增到21世纪初的84.2%,远远超出国际上公认的40%的警戒线。作为水资源相对短缺的北方河流,黄河以超过国际公认警戒线一倍的开发利用率支撑了国民经济发展,而本身则已逐渐演变为一条基本上处于顺服状态,甚至在枯水时段仅仅是弱势细流。黄河这一由盛而枯的历史变化,实际上也反映了自然资源与生态环境对经济社会发展持续支撑能力的降低。1991—2000年,利津断面实测年平均径流量为120亿立方米,比20世纪50年代平均径流量减少360亿立方米,造成黄河下游频繁断流或缺水,两岸滩区及三角洲湿地萎缩,近海生物多样性受损。黄河径流量逐年递减所带来的影响,早已引起社会各界及相关部门的密切关注与思考。1998年元月,中国科学院、中国工程院的163位院士在呼吁书上郑重地签名,号召"行动起来,拯救黄河"。在这一新的形势下,黄河治理部门坚持以科学发展观为指导,及时调整传统治黄思路,提出了维持黄河健康生命、确保黄河能够为人类生存与发展提供可持续支持、最终实现人与黄河和谐相处的新理念。维系黄河生命,除了需要在社会生产领域实行节水、节能、降耗、减排措施,并制定各种方略和措施为黄河增水之外,滋养黄河生命还在于维护黄河源头及其流域的河流湿地生态系统。因此通过强化各种工程措施,坚持黄河入海流路的长期稳定,也是维系黄河健康生命的重要一环。只有保障黄河流域自然支撑能力与社会生产力的平衡发展,才能在新的历史时期真正实现人与自然和谐相处。

德州唯一的临黄河县为齐河县,面积1345平方千米,人口60.9万,辖9镇、5乡。县人民政府驻晏城镇。春秋称祝柯,一作祝阿。西汉为祝阿县地,属平原郡。三国魏属济南国(郡)。唐改为禹城县。金置齐河县,以城临济水(齐河)故名,属济南府。元属德州。明清属济南府。民国初隶属山东省岱北道、济南道。1928年隶属山东省。抗战期间先后隶属冀鲁边二专区、泺北专区、鲁西区运东专区、泰西专区、冀鲁豫区十一专区等。1950年属德州专区。1956年属聊城专区,1961年复归德州专区。1967年属德州地区。1973年移县政府于今晏城镇。1994年属德州市。地处黄河下游冲积平原,地势西南高东北低,城内有赵王河、徒骇河、巴公河、温聪河等。农产以小麦、玉米、谷子、大豆、棉花为主,为全国十大产棉县之一。矿产有煤、石油、铁、石英、铜等。工业有纺织、电子、机械、化工、建材、食品等。京沪铁路、济德公路经此。名胜古迹有齐河温泉、古银杏树、龙山文化遗址、商周遗址、晏婴冢等。

近年来,齐河县依托沿黄区位优势,抢抓机遇,把县域发展规划主动融入国家战略,努力走出高质量发展的新路子。当前,齐河面临"一带一路"建设、京津冀协同发展、济南新旧动能转换先行区建设、济西齐河一体化发展、黄河流域生态保护和高质量发展等多重机遇,众多战略机遇叠加,让齐河的发展充满底气。

1986—2005年,齐河县人民在中共齐河县委、县政府的领导下,认真贯彻党的路线、方针、政策,在从传统的计划经济体制向社会主义市场经济体制转变的过程中,保持了经济建设持续、健康、快速发展,人民生活水平显著提高。1986年,齐河县国民生产总值4.23亿元,2005年82.29亿元,增长18.45倍;财政收入1986年0.12亿元,2005年6.36亿元,增长52倍;全社会固定资产投资总额1986年为1.41亿元,2005年为35.78亿元,增长24.38倍;农民人均纯收入1986年为572元,2005年为3954元,增长5.91倍;职工年平均工资1986年为985元,2005年为11,693元,增长10.87倍;城镇居民人均年可支配收入1986年为1050元,2005年为7172元,增长5.83倍。

齐河县是国家重要的粮食生产基地。1986年,齐河县有耕地760.10平方千米,4个引黄灌区覆盖全县耕地总面积的85%以上,得天独厚的水利条件为齐河县农业连年丰收奠定了基础。1986年,全县粮食总产323,130吨;2005年,粮食总产607,382吨,是1986年的1.8倍。其中主要粮食生产作物小麦1986年平均亩产261千克,2005年为451.5千克,增长73%;玉米1986年平均亩产290千克,2005年为476千克,增长64%;大豆1986年平均亩产98千克,2005年为202千克,增长106.12%;水稻1986年平均亩产353千克,2005年为484千克,增长37.11%。

在粮食增产的同时,牧渔业、蔬菜生产也迅速发展,呈多倍数增长。蔬菜总产量由1986年的85,700吨增加到2005年的865,300吨。牧渔业总产值1986年为0.38亿元,2005年为28.66亿元,增长74.42倍。1986—2005年,齐河县的工业生产经历了由小到大、由弱到强的发展。

1986年,齐河县工业主要有造纸、印刷、酿造、木器、五金、服装、机电、化工、建材等门类。有县属企业32家，干部职工9878人。乡村工业企业1428处，年工业总产值2.13亿元，利税882万元。从20世纪80年代中期开始推行承包经营，此后全县工业企业逐步探索推行嫁接改造股份制、兼并破产等模式，进行企业改革。1988年，全县实现工业总产值3.96亿元，首次超过农业总产值，走上了工业强县之路。"九五"期间，组建了山东金石集团、山东天工纺织集团、山东猛士化工集团等3家省级企业集团，初步形成了造纸、食品、医药、化工、机电、建材等六大支柱产业。

1998年开始，齐河县进行企业产权制度改革，建立现代企业制度，改革步伐加快，企业中的国有、集体企业性质，逐步过渡到股份合作制或控股、或参股的合作制企业。2004年，齐河县获省政府授予的"全省发展民营经济先进县"称号。2005年，齐河县实现工业总产值125.77亿元，比1986年增长58倍；利税13.43亿元，比1986年增长151倍。职工年平均工资1986年985元，2005年11,693元，增长10.87倍。

紧抓"一带一路"倡议机遇，齐河不断探索与沿线国家和地区的合作，塑造对外开放新优势。借势济南强力"北起"，齐河被纳入山东省新旧动能转换综合试验区规划。作为济南新旧动能转换先行区的重要"西翼"，齐河在规划编制、交通对接、产业布局、政策制定等方面，充分考虑与省会经济圈的协调发展，依托齐河在承载空间、投资成本等方面的资源优势，打造省会人才创业、科技成果转化的基地。

近年来，关于黄河开发的计划也逐年增多。深入挖掘、保护传承黄河文化特色资源,以黄河文化创意为核心,开发黑陶、剪纸、红绿彩等具有代表性的非遗项目和文创产品;打造董子书院、董子文化街、黑陶产业园等黄河文化教育基地和文创产业园区;整合黄河号子、打夯小调、绣球灯舞等黄河民俗文化资源和非遗项目;保护禹王亭遗址等20处重要黄河历史文化遗产,乐陵文庙、恩城文昌阁等6处古建筑文化遗产申报省级文化遗产保护项目。

高标准编制黄河文化保护传承规划。在《德州市"十四五"文化和旅游发展规划》编制过程中,坚持把黄河文化保护传承弘扬和旅游发展放到黄河流域高质量发展的全局中来谋划。同时积极与《山东省黄河文化保护传承弘扬规划》相衔接,形成协作融合而又富有德州特点的黄河文化旅游发展规划。推进重点县市区黄河文化旅游规划编制工作,实现旅游发展规划、土地利用总体规划、城乡建设发展规划"多规合一"。

德州的历史文化、经济发展,一直同黄河紧密相连。无论是大禹治水时期,还是改革开放时期,我们都能看到德州城市发展中黄河的作用。新时代,在新的产业发展观指导下,黄河三角洲的开发再利用不断提上日程,如何在保护环境的大前提下,对黄河三角洲开发再利用,是德州发展的又一重大议题。

禹城与大禹治水

刘 俊

从古至今,大禹作为开创中国古代文明的始祖之一,一直备受人们关注和推崇。大禹治水、会诸侯于涂山等事迹在《尚书》《左传》《孟子》《山海经》《史记》等古代经典文献中均有记载。"禹疏九河,瀹济漯而注诸海;决汝汉,排淮泗而注之江。然后中国可得而食也。"①从文献记载看,大禹是历经磨难、不畏艰险、心怀天下、勇敢向前的古代圣王。而由大禹及其相关事迹衍生的传说则历代沿袭、传衍不息,其所蕴含的文化内涵,对认识中华文明的特性具有重大意义。

在山东北部地区,就有多处在历史上很有名的与大禹相关的名胜,自古以来就见于史籍、方志。潍坊有禹王台,博山有禹王山,禹城有禹息城、禹王亭,这些地方又都建有禹王庙,当地传说这些台、山、亭的来历都与大禹治水有关。据史书记载,禹城县之得名,就与大禹治水有关,因此在禹城当地一直就流传

---

① 杨伯峻:《孟子译注》,北京:中华书局,2010年,第114页。

着与大禹相关的地方传说。

本文通过对史籍记载的大禹治水、大禹崇拜与中国传统文化、德州四女寺枢纽工程、禹城命名的由来、禹城之禹迹等方面进行论述,来探讨大禹治水与禹城之间的历史渊源。

一、史籍记载的大禹治水

大禹,姒姓,夏后氏,上古时期夏后氏部落首领、夏朝开国君王,历史治水名人,史称大禹、帝禹、神禹。黄帝的玄孙、颛顼的孙子、鲧的儿子,母亲为有莘氏之女修己。传说在帝尧时期,黄河流域经常发生洪水。为了制止洪水泛滥,保护农业生产,尧帝召集部落首领会议,征求治水能手来平息水害。鲧被选举出来负责这项工作。鲧用了9年的时间,以阻挡的办法,筑堤拦水,结果不但没有挡住洪水,反而让洪水冲毁了更多的房屋、田地,劳民伤财,一事无成。舜接替尧为部落联盟首领后,把治水无功的鲧流放到羽山,任用鲧的儿子禹继续治水。《山海经·海内经》中有记载:"洪水滔天,鲧窃帝之息壤以埋洪水,不待帝命。帝令祝融杀鲧于羽郊。鲧复生禹,帝乃命禹卒布土以定九州。"

大禹治水是流传久远的故事,从古至今各类典籍中有大量关于大禹治水的文字记载,如《诗·商颂·长发》:"洪水茫茫,禹敷下土方。"《尚书·吕刑》:"禹平水土,主名山川。"《史记》:"大禹平活水土,功齐天地。"《尚书·虞书·益稷》:"洪水滔天,浩浩怀山襄陵,下民昏垫。予乘四载,随山刊木,暨益奏庶鲜食。予决九川,距四海,浚畎浍距川;暨稷播,奏庶艰食鲜食。懋迁有无，化居。烝民乃粒，万邦作乂。"《孟子·滕文公下》："当尧之时，水逆行，泛滥于中国，蛇龙居之，民无所定，下者为巢，上者为营窟。书曰：'洚水警余。'洚水者，洪水也。使禹治之，禹掘地而注之海，驱蛇龙而放之菹。水由地中行，江、淮、河、汉是也。险阻既远，鸟兽之害人者消，然后人得平土而居之。"《尚书·禹贡》："禹敷土，随山刊木，奠高山大川……东渐于海，西被于流沙，朔南暨声教讫于四海。禹锡玄圭，告厥成功。"

除了传世典籍之外，禹的名字也见于青铜器铭文。如《齐侯钟》："成唐（汤），有严在帝所，敷受天命……咸有九州，处禹之堵。"《秦公簋》中也谈到了"禹赍（迹）"，和"禹堵"是一个意思，就是禹治理过的土地。《齐侯钟》是齐灵公（前581—前554在位）之器，《秦公簋》是秦景公（前576—前537在位）之器，都是春秋时代的作品，都比《论语》为早。2005年，保利艺术博物馆的专家在香港古董市场上偶然发现了一件西周中期的青铜器《遂公簋》。遂是西周的一个封国，在今山东宁阳西北与肥城接界处。此器造于距离现在大约2900年前，有98字的长篇铭文。铭文的主要内容讲的就是"德政"。开篇写道："天命禹敷土，隓（堕）山浚川。"将大禹治水的文献记载提前了四五百年。这是目前所知关于大禹治水记载最早、最翔实的文字记录，充分表明早在2900年前人们就在广泛传颂着大禹的功绩。

在古籍记载中，为治理洪水，大禹走遍华夏大地的千山万水，因此古人将大禹经过的地方称为"禹迹"。《尚书》中的《禹贡》是第一篇全面记述华夏九州地理的地理志，古人认为，它是大禹在治水成功后写作的。《禹贡》记载的地域范围，东到大海，西到流沙,北到朔方,南到衡山,反映的就是大禹治水的范围和他的足迹曾经到达的地方。大禹导河疏江,敷土垫山,开山导水,浚河排洪,功在当时,造福后人,所到之处都留下了他的圣迹,华夏大地的千山万水就是大禹治水这一千秋大业的见证。

自古以来,华夏大地上到处都流传着大禹的传说,与大禹的名字、大禹治水事业联系在一起的地名、风物,遍布华夏,比比皆是。北朝学者郦道元撰写的《水经注》记载了大量与大禹有关的地方传说。时至今日,华夏大地上仍到处流传着众多与大禹相关的传说,这些传说往往都有与之相关的山峦、河流以及名胜古迹作为见证,中国很多地方都有以大禹的名字命名的禹王山、禹王河、禹王台、禹王庙、禹王堤,这些地方或者是大禹亲手所缔造,或者是大禹治水时经过之地。

大禹传说之所以遍布中国,究其原因,一是中国大部分地区长期遭受水患,有悠久的治水历史。史籍中有大量关于华夏地区深受水患的记载。如《孟子·滕文公上》记述:"当尧之时,天下犹未平,鸿水横流,泛滥于天下。草木畅茂,禽兽繁殖,五谷不登,禽兽逼人。兽蹄鸟迹之道,交于中国。"《史记·夏本纪》记载:"当帝尧之时,鸿水滔天,浩浩怀山襄陵,下民其忧。……于是尧听四岳,用鲧治水,九年而水不息,功用不成。"《淮南子》记载:"禹之时,天下大水……禹遭洪水之患,陂塘之事,故朝死而暮葬。"

根据历史文献记载和目前考古发掘的文物来看,在尧舜禹时期发生的洪水灾害应该不是一般的洪涝灾害,而是世纪未有的大洪水。《淮南子·览冥训》中记载:"四极废,九州裂,天不兼覆,地不周载……水浩洋而不息。"可见洪水的量级很大。而且据史料记载,受洪水侵害的时间较长,其治水历史也较悠久,从尧帝开始,洪水泛滥,其中鲧治水9年,大禹治水13年,加起来长达22年之久。

二是大禹治水的方法得到国人的普遍赞赏,他所体现的精神和文化在中华文明发展史上发挥着重要作用。禹受命治理洪水之后,经过周密考察,总结父亲的治水经验,改鲧所用的"围堵"为"疏导"的方法,利用水自高向低流的自然趋势,依地形把淤塞的川流疏通,把洪水引入疏通的河道、洼地和湖泊,然后合通四海,从而平息了水患,使百姓得以从高地迁回平川居住和从事农业生产。

治水期间,禹翻山越岭,趟河过川,拿着工具,从西向东,一路测度地形的高低,竖立标杆,规划水道。他带领治水的民工,走遍各地,根据标杆,逢山开山,遇洼筑堤,以疏通水道,引洪水入海。大禹治水是极其艰辛的。由于其父亲鲧治水失败,禹受命之后,其承受的压力可想而知。再加上当时自然环境的恶劣和生产力的落后,大禹在治水过程中深受磨难,"疏河决江,十年不窥其家,手不抓,胫不毛,生偏枯之病,步不相过,人曰禹步"①《淮南子》记载:"禹之时,天下大水,禹身执虆垂,以为民先,剔河而道九岐,凿江而通九路,辟五湖而定东海,当此之时,烧不暇撌,濡不给扢,死陵者葬陵,死泽者葬泽,故节财、薄葬、闲服生焉。"历经千辛万苦终将洪水平息。

随着历史的演变,在数千年的中国社会历史发展过程中,

---

① 〔东周〕尸佼:《尸子》卷下《神明》,清平津馆丛书本。

大禹治水逐步被赋予了神话传说的色彩,这种现象既体现了国人改造自然的毅力与魄力,也体现了对大禹及其治水精神的崇拜与敬畏。这种神化转变,在古籍中也多有记载,如《汉书·武帝纪》:"启,夏禹子也,其母涂山氏女也。禹治鸿水,通轩辕山,化为熊。谓涂山氏曰:'欲饷,闻鼓声乃来。'禹跳石,误中鼓,涂山氏往,见禹方作熊,惭而去,至嵩高山下化为石,方生启"。禹不仅被神化,在治水过程中,禹还得到了很多神灵的帮助。《山海经》载"禹理水,观于河,见白面长人鱼身出,曰:'吾河精也。'授禹河图而还于渊中"。

大禹的很多事迹被神化得越来越丰富,并且经过民间的口耳相传和文学加工,形成了广泛流传的大量生动的故事传说,这使得大禹的治水精神经过数千年的变迁仍得以流传至今。

二、大禹崇拜与中国传统文化

(一)古代国家对大禹信仰的逐步建立

由于大禹治水成功,使得当时的"世纪洪水"得以平息,百姓能够安居乐业,免受洪水的侵袭,其治水功绩是巨大的。同时大禹在治水过程中,不仅仅依靠单一部落的力量,而是注意加强同其他部落联盟的沟通与联系,像邀请契、后稷等人加入治水队伍,不仅有利于促进部落之间政治、经济、文化的交流,而且为日后国家的建立与华夏民族的形成做出了卓越贡献。

中国是一个传统的农业国家,人民总是希望风调雨顺,年谷顺成,但现实情况往往不遂人愿,不仅水患频繁,旱灾也时有发生。由于古代生产力的低下,人们无法认识自然界规律,便只能寄托于神灵的力量。传统观念中的龙王具有行云布雨的职能，北方地区干旱少雨的自然环境，使得对"水神"龙王的信仰较南方地区更为盛行。但随着大禹治水的成功和大禹治水传说的盛行，人们逐步意识到人的力量的强大，不再仅仅寄希望于对"水神"龙王的崇拜，逐步转移到对人的崇拜，即对治水功臣大禹的崇拜和信仰。国家对大禹的祭祀与信仰也逐步加深，而且大禹平治水患、安抚民生、创设制度的诸多举措也一直为后世王朝所崇拜与仿效。其传播极具辐射力、扩张力和感染力，这与大禹信仰深厚的历史文化底蕴是分不开的。而历代王朝为了提高大禹的地位，巩固其在国家信仰体系中的层级，通过祭祀、修建庙宇和文化宣教，使这一信仰逐步加深，在社会上的影响力不断扩大。

对大禹崇拜的产生主要是因为其治水实践及其对传统社会的重要影响。而大禹也逐步成为中国古代圣王学习的典范，"国之所以存者，道德也。家之所以亡者，理塞也。尧无百户之郭，舜无置锥之地，以有天下。禹无十人之众，汤无七里之分，以王诸侯……故得王道者，虽小必大；有亡形者，虽成必败"[1]，"且夫圣人者，不耻身之贱，而愧道之不行，不忧命之短，而忧百姓之穷。是故禹之为水，以身解于阳盱之河。汤旱，以身祷于桑山之林。圣人忧民，如此其明也"[2]。大禹治水所传递的道德

---

[1]〔西汉〕刘安著、陈广忠译注：《淮南子》，北京：中华书局，2012年，第127—128页。

[2]〔西汉〕刘安著、陈广忠译注：《淮南子》，北京：中华书局，2012年，第203页。

内涵已逐渐影响了古代社会的人格评价与国家兴亡的评判尺度。

对大禹的祭祀，自秦代开始至清代都有据可查。根据史料记载，最早祭祀大禹的记载可以追溯到秦始皇嬴政时期，"上会稽，祭大禹，望于南海，而立石刻颂秦德"①，此为秦始皇嬴政祭祀大禹的史料记载，而秦始皇嬴政也成为中国历史上有史记载的第一位祭祀大禹的帝王。

北魏时期，孝文帝"夏四月庚申，幸龙门，遣使者以太牢祭夏禹。癸亥，行幸蒲坂，遣使者以太牢祭虞舜。戊辰，诏修尧、舜、夏禹庙"②，此描述的是北魏孝文帝在龙门用最高祭祀礼仪祭奠禹庙，并拨国库修缮尧、舜、禹的庙宇，此举证明此时国家对大禹的信仰已达到了一定的程度。

唐朝祭祀大禹在王应麟编纂的《玉海》卷九十七《郊祀》（清光绪九年浙江书局刊本）中是这样描述的：贞观十二年（638）唐太宗李世民"次陕州，祀夏禹庙"；武则天时狄仁杰"持节江南，毁吴楚淫祠千七百所，止留夏禹、吴太伯、季札、伍员四祠"，此记载表明了国家对民间社会祭祀大禹的肯定与认可。

至两宋时期对于大禹的祭祀更加重视，乾德四年（966）宋太祖赵匡胤下令"吴越立禹庙，置守陵五户"③，在吴越地区修建禹庙并派五户专人照看庙宇。南宋孝宗赵昚"俱会稽县祭禹

---

① 〔西汉〕司马迁：《史记·秦始皇本纪》，哈尔滨：北方文艺出版社，2019年，第16页。

② 〔北齐〕魏收：《魏书》，长春：吉林人民出版社，1998年，第122页。

③ 〔清〕张廷玉、梁诗正等编纂：《皇清文颖》卷二十《记》，清文渊阁四库全书本。

庙,在会稽山禹陵侧"①。

元中统五年(1264)元世祖忽必烈"惟王三代绝德,万世赖功。之纪之纲,有典有则。岂止揸安于当日,亦将贻福于后人。惟予渺躬……乃者同气咸和,一朝毕会,顾天地之祐相,亦神灵之护持。肆遣近臣,聿修严祀,聊伸谢臆,因沥微诚,既潜卫于邦家,俾永膺于毂谷"②,此次祭祀禹王,是希望大禹能够护佑王朝永祚,家国安福。

明清两朝对于大禹的信仰进入了古代王朝的鼎盛时期,这种情况的出现是有特殊社会背景的。明清时期疏通京杭大运河,大运河开通后黄河多次冲决运河,影响国家漕运。为了保证国家的漕运,明清统治者对黄河、淮河、运河进行了大规模的治理,并延续了数百年。在这一背景下,明清统治者对于具有重要水神属性的大禹的崇敬达到了极高的程度,不断举办各种国家祭祀活动。史料记载,明洪武三年(1370)"遣官访历代帝王陵,令各行省臣同诣所在审视陵庙,并其图以进。浙江行省进大禹陵图。九年(1376),令五百步之内禁人樵采,设陵户二人,有司督近陵人看守。每三年传制遣道士赍香帛致,凡遇登极遣官告,每岁祭则有司以春秋二仲月"③,有祭田一百二十九亩,山岭三百三十二亩,每年祭银三十两,并封大禹为"会稽山之神"④,并形成了完善的祭祀制度。明英宗正统元年(1436)

---

①〔清〕嵇璜、〔清〕曹仁虎纂修:《续文献通考》卷一百十四《宗庙考》,清文渊阁四库全书本。

②李修生主编:《全元文》,南京:江苏古籍出版社,1998年,第444页。

③〔明〕张元忭:《万历会稽县志》卷十三《礼书五》,明万历刊本。

④〔明〕张元忭:《万历会稽县志》卷十九《祠祀志》,明万历刊本。

"命浙江绍兴府修理南镇及神禹二庙,从布政司黄泽奏请也"①。弘治七年(1494)十一月,明孝宗派遣内官监太监李兴、平江伯陈锐和都御史刘大夏祭祀大禹,史籍记载"比者黄河不循故道,决于张秋,东注于海,既坏民田,又妨运道,特遣文武大臣,循行溃决之处,督工修筑,神其默相,同成厥功,使农不失业,国计不亏"②。从这份记载可以看出大禹被当作水神,希望大禹能够保障黄河安稳,运道畅通。

进入清代,康熙二十八年(1689)皇帝南巡,"阅视黄河,慨然念神禹功德,特幸会稽致祭,发帑金二百两赐其后裔,增守祠二人,复御书'地平天成'四大字悬殿额,又书'江淮河汉思明德,精一危微见道心'十四字榜于柱"③。康熙四十一年(1702)命工部拨银修缮禹陵。乾隆元年(1736)大修禹王庙和陵墓,第二年山东巡抚法敏上奏:"山东省汶上县南旺地方较南北地方独为高亢,古称水脊。汶水至此南北分流以济漕运,故又名分水口,为山东省全河枢机,旧有禹王庙、分水龙王庙、前明工部尚书宋礼祠,凡三区实为往圣先贤及山川之神祐功德于民者,现会同钦差侍郎赵殿最查勘戴村坝,目睹各庙日就倾颓,应饬地方官确估详题,委员监修,以肃祀典。"④奏折称包含禹王庙在内的往圣先贤庙宇已经荒废,应该重修,乾隆帝收到奏章后非

①《明英宗实录》卷二十二,"正统元年九月辛亥"条,北京:中华书局,1985年影印本。

②〔明〕余鉁:《嘉靖宿州志》卷六《祀典》,明嘉靖刻本。

③《皇清文颖》卷二十《记》。

④《清高宗实录》卷五十一,"乾隆二年九月乙卯"条,北京:中华书局,1985年影印本,第875页。

常重视,命加紧筹办。乾隆十五年(1750)乾隆皇帝南巡时亲自祭奠禹陵和明太祖陵,礼部提出"请照十三年东巡亲祭少昊金天氏陵,行二跪六叩礼"[①],但乾隆皇帝认为大禹地位较高,应该行三跪九叩之礼,可见乾隆皇帝对大禹的重视程度。根据史料记载,乾隆皇帝在1751年、1765年、1767年以及1773年又多次派遣官员祭祀禹庙,并颁布御制匾额,以表彰大禹治水安民之功。今禹城禹王亭博物馆前悬挂的禹王亭牌匾即为乾隆皇帝的手迹。直到清末,政府对于大禹的尊崇依然不减,光绪十三年(1887)光绪帝"遣杭州副都统恭寿致祭禹陵"[②],其目的也是寄希望于大禹神能够保佑清王朝江山永固、社稷平安。

通过历朝历代对大禹祭祀的重视程度可以看出,政府和民间百姓对大禹的崇拜越来越高,逐步寄希望于依赖人的能力来改造河道,从而达到国家的长治久安和百姓安居乐业。

(二)大禹治水与国家起源

大禹治水促进了国家的形成。治水是一个系统的工程,仅仅依靠一个人或一个部落的力量是不可能完成的,再加上当时社会生产力极其低下,生存环境恶劣,治水更是一件难事。大禹的父亲鲧之所以治水失败就是因为他没有打破当时氏族部落之间的分隔,只在自己的部落范围采取堵的方式,最终造成了"壅防百川",治水失败。大禹接受任务后,身体力行,《史记·

---

① 《清高宗实录》卷三百七十七,"乾隆十五年十一月己巳"条,北京:中华书局,1985年影印本。

② 〔清〕朱寿朋纂:《光绪朝东华续录·光绪八十三》,清宣统元年上海集成图书公司本。

夏本纪》中记载大禹"劳身焦思,居外十三年,过家门不敢入。薄衣食,致孝于鬼神",除协调自己部落一致努力治水之外,还联合各部落一起治水。《史记·秦本纪》中记载:"秦之先,帝颛顼之苗裔孙,曰女脩……与禹平水土。"就是各部落联合治水的例证。这样在治水过程中逐步打破了部落之间的藩篱,有利地促进了部落之间的融合,为国家形成奠定了一定的基础。但仅仅有部落之间的融合还不能称之为国家,大禹在治水过程中,逐步将原来由氏族公社靠血缘来维系的部落逐渐过渡到由居住地区来划分的方式,即完成了由血缘到地缘关系的转变,这也成为国家形成的标志之一。

大规模的治水活动,不仅需要各氏族部落的广泛参与,而且也需要有统一的意志、统一的步调、统一的行动,需要对各氏族部落的人力、物力、财力进行集中调配,因此大禹在治水过程中逐步建立了一个组织严密和高度集权的指挥机构,从而确保了治水的成效。据史料记载,在尧舜时期,官僚指挥系统已经初步成形,《尚书·周书》中记载:"唐虞稽古,建官惟百。内有百揆、四岳,外有州牧、侯伯。"《尚书正义·周官》记载:"道尧舜考古以建百官。内置百揆、四岳,象天之有五行;外置州牧十二及五国之长。上下相维,外内咸治。"孔颖达疏中记载:"唐尧、虞舜考行古道,立官惟数止一百也。内有百揆、四岳者,百揆,揆度百事,为群官之首,立一人也;四岳,内典四时之政,外主太岳之事,立四人也。外有州牧、侯伯,牧,一州之长;侯伯,五国之长,各监其所部之国。外内置官,各有所掌,众政惟以协和,万邦所以皆安也。"以上文献记载表明,尧舜时代,设立官员,各有所司,职责已经比较明确。

到了大禹时期,"由于禹治水引起氏族部落的大融合,公共事务的管理日趋重要,各种官吏便出现在政治舞台上"①。为了更好地治理洪水,大禹在舜管理的基础上逐步完善各种组织机构,并使其分工更加明确,各司其职。大禹在舜帝时期是负责平治水土的"司空",兼任总摄联盟内各项具体事务的"百揆"②。接受治水的任务后,先后任用契、后稷等部落首领协助治水事务。《史记·夏本纪》中云:"令益予众庶稻,可种卑湿。命后稷予众庶难得之食。食少,调有余相给,以均诸侯。禹乃行相地宜所有以贡,及山川之便利。"后来又邀请了伯益参加治水。这里,契就是商族的始祖,在当时部落联盟中,是担任掌管教化的司徒;后稷是周族的始祖,担任稷官,掌管农事;皋陶是少昊氏,掌管刑法。因此《礼记》中说"夏后氏官百",说明大禹时期官僚机构已成规模。《尚书·大禹谟》中也记载大禹"率百官若帝之初",说明大禹时期已经有了百官的组织。

大禹时期,除建立了系统的官僚指挥组织外,还定期组织官吏考核,并根据考核结果进行奖惩。《尚书大传》中记载:"《书》曰:'三载考绩,三考,黜陟幽明,庶绩咸熙。'其训曰,三岁而小考者,正职而行事也,九岁而大考者,黜无职而赏有功也。"这里指的就是大禹对当时的官员考核的相关规定,当时的官员

① 王晖:《尧舜大洪水与中国早期国家的起源——兼论从"满天星斗"到黄河中游文明中心的转变》,《陕西师范大学学报(哲学社会科学版)》2005年第3期。

② 〔清〕阮元校刻:《十三经注疏》,北京:中华书局,1980年,第130页。

任期为九年，每三年考核一次称"小考"，九年进行一次"大考"。依据大考的成绩来决定官员的前途，成绩优秀者得以升迁，不合格者降职，甚至受到严厉的处罚。

国家产生的标志除了有官僚体系、考核体系外，还需要律法对国家治理进行约束，便于使大家的行为有统一的约束。而大禹时期已有了律法，便于帮助大禹管理各部落。这在史籍当中也是有据可考的，像《史记·夏本纪》中记载："皋陶于是敬禹之德，令民皆则禹。不如言，刑从之。"《吕氏春秋·离俗览·用民》中也有记载："夏有乱政，而作禹刑。"《庄子·天地》中也有相关记载："尧治天下，伯成子高立诸侯，尧授舜，舜授禹。伯成子高辞为诸侯而耕。禹往见之，则耕在野。禹趋就下风，立而问焉，曰：'昔尧治天下，吾立子为诸侯。尧授舜，舜授禹，而吾子辞为诸侯而耕。敢问其故何也？子高曰：昔者尧治天下，不赏而民劝，不罚而民畏。今子赏罚而民且不仁，德自此衰，刑自此立，后世之乱自此始也。'"可见大禹时期已经采用刑罚来进行管理，法律和刑罚的建立都是国家形成的体现。

在治水过程中，大禹的个人权威也逐渐增强。大禹作为治水机构的"一把手"，在指挥治水的过程中，必然要行使对各部落的人力、物力、财力资源进行统一调配的权力，甚至强制干预，从而形成凌驾于各部落之上的权威。《山海经·大荒北经》记载"共工臣名曰相繇（也作相柳）……禹湮洪水，杀相繇"，这说明大禹在治水过程中，已有权对那些不服从指挥的部落首领施以刑罚。

禹是原始社会末期由民主选举产生的最后一位部落联盟

领袖。禹治水的成功,使他建立了崇高的威望,也得到了各部落的拥戴。后来人们把这位治水英雄推举为政治领袖——虞舜去世后,禹接替他成为部落联盟的总首领。禹成为部落联盟首领后,"致群神于会稽之山,防风氏后至,禹杀而戮之"(《国语·鲁语下》),禹以开会迟到为借口杀掉防风氏,说明他已具有了凌驾于其他部落首领之上的"公共权力"。而恩格斯认为:国家的本质特征,是和人民大众分离的公共权力。①

皋陶,这位东夷部族的首领,禹治水时的得力助手,舜帝时就被任命为大理,掌管部落联盟的司法大权。禹受禅为帝后,皋陶成为仅次于禹的第二号人物,按照部落联盟禅让制的规制,皋陶是禹的法定继承人。然而皋陶先禹而逝,他死后,另一位协助大禹治水的功臣益被推举为大禹的继承人。不过随着私有制的发展和氏族制度的瓦解,历史的发展轨迹没有沿着原始民主——禅让的传统运行下去。禹死后,益并没有顺理成章地取得部落联盟的领导权,君临天下者却是禹的儿子启。于是,原始的部落联盟的民主制度被打破了,一种新的社会组织形式——家天下的君主世袭制破壳而出。

治水,使大禹拥有了至高无上的权力和威望,从而奠定了大禹对部落联盟领导的绝对权威。他"铸九鼎""定九州",按照地域区划加强对氏族部落的管理,并且使"人物高下各得其所",划分了统治阶级和被统治阶级,从而打破了原始的民主部落制度。大禹死后他的儿子启继位,确定了君主世袭制。

大禹治水成就了中国古代国家历史的开端,成为中华民族

---

① 参见《马克思恩格斯选集》第四卷,北京:人民出版社,1995年,第116页。

文明史上一个重要的里程碑,标志着延续数万年之久的原始社会的基本告终,开启了以后持续几千年的阶级社会。

(三)治水与治国

禹疏九河,功在千秋。在大禹之前,其父亲鲧治水采用的方法是"堵",以阻挡的办法,筑堤拦水,结果不但没有挡住洪水,反而让洪水冲毁了更多的房屋、田地,劳民伤财。禹受命之后,经过周密考察,总结父亲的治水经验,改鲧所用的"围堵障"为"疏顺导滞"的方法,采取利用水自高向低流的自然趋势,顺地形把淤塞的川流疏通,把洪水引入疏通的河道、洼地和湖泊,然后合通四海,从而平息了水患。关于大禹治水的方法,《尚书·禹贡》中是这样记载的:"导岍及岐,至于荆山,逾于河;壶口、雷首至于太岳;底柱、析城至于王屋;太行、恒山至于碣石,入于海。西倾、朱圉、鸟鼠至于太华;熊耳、外方、桐柏至于陪尾;导嶓冢,至于荆山;内方,至于大别;岷山之阳,至于衡山,过九江,至于敷浅原;导弱水,至于合黎,余波入于流沙;导黑水,至于三危,入于南海;导河、积石,至于龙门;南至于华阴,东至于底柱,又东至于孟津,东过洛汭,至于大伾;北过降水,至于大陆;又北,播为九河,同为逆河,入于海;嶓冢导漾,东流为汉,又东,为沧浪之水,过三澨,至于大别,南入于江;东,汇泽为彭蠡,东,为北江,入于海;岷山导江,东别为沱,又东至于澧;过九江,至于东陵,东迆北,会于汇;东为中江,入于海;导沇水,东流为济,入于河,溢为荥;东出于陶丘北,又东至于菏,又东北,会于汶,又北,东入于海。"文中提到的"导""逾""析""至"意思均为疏导、开凿、打通。通过记载可以看出大禹治水重点在于顺应水的特性,利用水自上而下流动的原理,借助水的冲击力冲开大量的土石。同时大禹借助水流的方向,领导各个部落的人们,沿着水流的方向进行一些土石的疏导工作,费力小而收获大。

"禹治水之序,不过先下而后高"①,"九州之次,以治为先后,以水性下流,当从下而泄,故治水皆从下为始。冀州帝都,于九州近北,故首从冀起,而东南次兖,而东南次青,而南次徐,而南次扬。从扬而西、次荆,从荆而北、次豫。从豫而西、次梁。从梁而北、次雍。雍地最高,故在后也。……雍高于豫,豫高于青、徐,雍、豫之水,从青、徐而入海也。梁高于荆,荆高于扬,梁、荆之水,从扬而入海也。兖在冀之东南,冀、兖二州之水,各自东北入海也。冀州之水,不经兖州,以冀是帝都,河为大患,故先冀而次兖"②。文献记载可以证明大禹治水就是通过遵循治水规律,使水患的危害程度得以降低。因此大禹治水的主要内涵在于,不是进行大规模的土石开挖及搬运去堵水,而是运用水流下泄的规律,借用水流的动力,疏通水道,让水顺流而下,从而解决了水患。

大禹治水成功所采取的办法就是疏导、引导,也就是"因势利导",大禹靠这种办法不仅治理了大水,而且还彰显了管理能力,并开创了中国第一个天下王朝——夏朝。其后开创盛世的

---

① 〔清〕胡渭著、邹逸麟整理:《禹贡锥指》,上海:上海古籍出版社,2006年,第21页。

② 〔清〕胡渭著、邹逸麟整理:《禹贡锥指》,上海:上海古籍出版社,2006年,第13页。

古代治国者大都继承了大禹在治水中运用的智慧。

《管子》载："其商人通贾，倍道兼行，夜以续日，千里而不远者，利在前也。渔人之入海，海深万仞，就彼逆流乘危百里，宿夜不出者，利在水也。故利之所在，虽千仞之山无所不上，深渊之下无所不入焉。故善者势利之在，而民自美安，不推而往，不引而来，不烦不扰，而民自富。如鸟之覆卵，无形无声，而唯见其成。"

管仲之所以能够帮助齐桓公成为春秋第一霸主，就是因为他治国有术，而通过上文我们可以清楚地看到管仲治国之术的核心思想就是"因势利导"。管仲的这种思想其源头始于大禹。

不只管仲提出因势利导的治国之术，法家和黄老道家也从治水经验出发，论述了一系列的治国原则，如专一用法、君要下臣、君逸臣劳等。而他们提出的最有理论意义的是"因"及其为治意义。古汉语中"因"与"循"义近，有依顺和遵循的意思，也就是因循。慎到在他的著作《慎子·逸文》说过："法非从天下、非从地出，发于人间，合乎人心而已。治水者茨防决塞，九州四海相似如一，学之于水，不学之于禹也。""学之于水"指的就是要认识水的性质并依照水的性质来治水，其与《淮南子·原道训》所说的"禹之决渎也，因水以为师"是同一个意思。所谓因水治水有依顺水的性质、依顺水的流势、依凭水的力量诸义，借以说明为治也要依顺人的本性、依顺人心所向、依靠人民的力量。因此他们提出过如下观点：

《吕氏春秋·慎大览·贵因》："三代所宝莫如因，因则无敌。禹通三江五湖，决伊阙，沟回陆，注之东海，因水之力也。舜一徙成邑，再徙成都，三徙成国，而尧授之禅位，因人之心也。"

《淮南子·泰族训》："禹凿龙门，辟伊阙，决江浚河，东注之海，因水之流也……汤、武革车三百乘，甲卒三千人，讨暴乱，制夏、商，因民之欲也。故能因，则无敌于天下矣。"

《淮南子·诠言训》："三代之所道者，因也。故禹决江河，因水也……故天下可得而不可取也，霸王可受而不可求也。"

《淮南子·主术训》："夫七尺之桡而制船之左右者，以水为资；天子发号，令行禁止，以众为势也。夫防民之所害，开民之所利，若发城决唐。故循流而下易以至，背风而驰易以远。"

《孟子·离娄下》："如智者若禹之行水也，则无恶于智矣。禹之行水也，行其所无事也。如智者亦行其所无事，则智亦大矣。"大概意思就是治理人民，应当学习禹治理水，应关心人民，顺应民意，而不可堵之。也就是我们现在所说的得民心者得天下。

从引用以上古人的言论，我们可以看出，大禹治水，遵循水的规律办事；治理国家，也应该遵循社会规律办事，如此，方才利于国家的长治久安。这种变"堵"为"疏"的方法，不仅使中国古代治水理念发生质的飞跃，也对历代统治者的国家管理理念产生了重要的积极影响。中国的治水治国，向有堵疏之争。实际上鲧与大禹的"堵疏之争"，不仅是治水方略之争，也是治国大政之争。治国更比治水难，大禹先治水后治国，皆取得了极大的功绩，因此说明大禹所采用的"疏而不堵"的理念是符合社会发展需求的。

大禹的治水理念还体现了以民为本的思想。"德惟善政，政在养民。水、火、金、木、土、谷，惟修；正德，利用、厚生，惟和。九功惟叙，九叙惟歌。"①意即执政的根本在于养活和教育百姓，端正人们的德行，为百姓的物用提供便利，使人们生活富足。"皇祖有训，民可近，不可下。民惟邦本，本固邦宁。予视天下愚夫愚妇一能胜予，一人三失，怨岂在明，不见是图。予临兆民，懔乎若朽索之驭六马，为人上者，奈何不敬？"②其表达的意思即对于百姓只能亲近，不能轻贱；百姓是立国根基，根基稳固了国家才会安宁；天下的百姓比我们聪明，面对亿万百姓要存戒惧之心，不可随意欺凌。"知人则哲，能官人；安民则惠，黎民怀之。"③意即执政不仅要知人善任，还要安抚民众，给人恩惠。这些"养民""厚生""敬民""安民"等理念，充分体现了大禹的民本思想。同时大禹还身体力行地践行以民为本，《贾谊新书·修政语上》记载："大禹曰：'民无食也，则我弗能使也，功成而不利于民，我弗能劝也。'故鬐河而道之九牧，凿江而道之九路，澄五湖而定东海。民劳矣而弗苦者，功成而利于民也。禹尝昼不暇食，夜不暇寝矣，方是时也，忧务故也。故禹与士民同务，故不自言其信，而信谕矣。故治天下，以信为之也。"

　　大禹治水中体现的民本思想对后世影响很大，王子晋曾非常钦佩其"养物丰民"的思想："帅象禹之功，度之于轨仪，莫非嘉绩，克厌帝心。皇天嘉之，祚以天下，赐姓曰姒，氏曰有夏，谓其能以嘉祉殷富生物也。祚四岳国，命以侯伯，赐姓曰姜，氏曰

---

　　① 李民、王健：《尚书译注》，上海：上海古籍出版社，2004年，第26页。

　　② 李民、王健：《尚书译注》，上海：上海古籍出版社，2004年，第93页。

　　③ 李民、王健：《尚书译注》，上海：上海古籍出版社，2004年，第37页。

有吕,谓其能为禹股肱心膂,以养物丰民人也。"①

以民为本的思想最有影响力的即为"君为舟,民为水"的思想,"君为舟,民为水"的思想能有据可查最早的出处为《荀子·王制》,它是这样记载的:"君者,舟也;庶人者,水也;水则载舟,水则覆舟。"《荀子·哀公》记孔子之语:"且丘闻之,君者,舟也;庶人者,水也。水则载舟,水则覆舟,君以此思危,则危将焉而不至矣?"唐初魏征和唐太宗也多次转引这样的观点。《贞观政要·论政体》:"臣又闻古语云:'君,舟也;人,水也。水能载舟,亦能覆舟。'陛下以为可畏,诚如圣旨。"这里将国家管理者与百姓的关系比喻为舟与水的关系。国家管理者为舟,百姓为水,水可无舟,舟不能无水,水可以承载舟的运行,也可以将其倾覆。这句反映的哲理就是作为统治者要顺应民意,正确处理老百姓反映的问题,并将问题疏通,使百姓满意,这样老百姓就会拥护你;反之,如果百姓的问题得不到解决,就会引起百姓的反抗,百姓就会将之推翻。

尽管治国如治水的道理十分简单,但是在中国古代历史上,只有少数的皇帝能身体力行。如汉文帝、唐太宗等人,深刻认识到治国之治源于治水,方能重视民意,爱护人民。也只有他们统治的时期,方可称为"治世"。而其他众多皇帝,却疏于学习"治水"的治国策略,或者虽然认识到"治"的重要意义,却不能身体力行。这就是中国历史上可堪为"治世"的时代比较少,而产生"暴政""乱政"时代却很多的原因之所在。中国历史

---

① 黄永堂译注:《国语全译》,贵阳:贵州人民出版社,1995年,第109—110页。

上的很多动乱,都是源于面对社会出现的矛盾一味地采用"堵"的强制手段镇压,而不懂得遵民意、顺民意,对产生的社会问题进行疏导,即不依照治国的规律办事,以为强权就可解决一切,从而导致社会危机的爆发,最终造成王朝的覆灭。

因此如果治水不依照水流的规律,不仅治不了水,而且还要酿成水灾。依照这种理论,君主治民不依照治民的规律,不爱民,不亲民,人民也同样也就不会爱戴这位君主,最后只能落得身死国灭的下场。像夏朝借治水而建立,但夏朝后期的统治者却没能继续坚持顺应民意、疏导矛盾的治国策略,不再继承禹的治水与治民的相同的道理,相反却残酷压榨人民。人民最终受不了压榨统治,在汤的领导下联合起来推翻了夏朝。在夏朝后期《尚书·汤誓》中有记载,由于夏朝统治者的残暴统治,人民痛恨道:"时日何丧,予及汝皆亡。"中国古代王朝经历了不断更迭,每个朝代的灭亡都是由于统治者的残暴统治,人民的生活苦不堪言,人民找不到疏通诉求的通道,最终不得不揭竿而起,奋起反抗。

(四)大禹治水精神启示

大禹治水的精神主要体现为公而忘私、民族至上、民为邦本、严明法度、尊重自然、艰苦奋斗、以身为度。大禹治水在中华文明发展史上起了重要作用。在治水过程中,大禹依靠艰苦奋斗、因势利导、尊重自然、以人为本的理念,克服重重困难,终于取得了治水的成功。由此形成以公而忘私、民族至上、民为邦本、尊重自然等为内涵的大禹治水精神。

新中国的开国总理周恩来对大禹极其重视,1939年3月,周恩来因抗战机缘自重庆辗转来到绍兴,出于对大禹的敬佩,特地转道赴禹陵,瞻仰大禹像,对大禹为征服洪水,劳身焦思,居外13年,过家门而不入的精神倍加赞扬。周恩来对大家说:"大禹在人类向大自然作斗争中,打响了第一炮,在科学萌芽的时代,能同大自然作战是不容易的。中国历代统治阶级都没有学好大禹治水这一课,他们只晓得遏制,不晓得利导,所以成了专制魔王,到处受到人民的反抗。他们是注定要失败的。"①

在当今社会,随着经济发展速度逐步加快,国家也在不断发展。在经济发展的过程中,也会不断产生新的矛盾与问题,在这种情况下,处理问题时我们也应当如大禹治水,应采取"疏导"和"因势利导"的办法,而不能采取"堵"的办法。

在古代,中国政治思想家就将"政通人和"作为国家管理的基本目标。"通"就是政策法规可以通畅地实施,因势利导、通情达理地疏通各种利益关系,"和"就是建立安定有序的"和谐"社会。可见"通"是"和"的前提,"和"是"通"的目标,实现社会"和谐"必须突出国家的沟通疏导职能,当政者必须具有较高的疏通能力,因此,又提出"政令畅通"的实施目标。

今天,缓和冲突采用疏导还是强制措施已成为一个社会是否"文明"的重要尺度,这是因为,采取合作型的沟通疏导措施,不仅可以确保一个稳定和谐的社会秩序,而且可以减少"内耗",促进"共赢"和"多赢",从而降低社会演进代价,形成"一心一意谋发展"的稳定和谐的人文环境。

构建"安定有序诚信友爱"而又"充满活力"的社会主义和

① 沈自强:《周恩来抗日前哨行》,杭州:浙江人民出版社,1989年,第178页。

谐社会,是在最广大人民群众有着共同的利益目标,而又多元化和多样性追求共存的基础上建立的社会,也是以"政通人和""讲信修睦"和"万物并育而不相害"等传统治国理念为重要特征的社会,所以,社会主义和谐社会必须是以包容意识、集体意识、开放意识和竞争意识等基本要素构成的社会。构建社会主义和谐社会首先是在包容意识、开放意识和集体意识的基础上,通过理解、疏导与协商,化解多元化、多样性,以及社会主义市场经济产生的各种冲突和纠纷。

总而言之,构建社会主义和谐社会只有在沟通和疏导的治国策略指导下,必须以"通则久"为原则,促进观念和价值观的交流、认同以及行为上的相互参与和相互关爱,必须征求并采纳多方建议,关注并倾听社会呼声;为了社会的和谐与健康,决策者必须冷静客观地寻找冲突根源,系统地、建设性地和低成本地化解纠纷,必须因势利导按冲突的特征和内在规律,寻求缓和冲突的出路。

在当今我国社会主义市场经济条件下,作为国家管理机构更应该要注意促进社会成员和干群之间的沟通,将市场释放的能量及时疏导到合法而又合理合情的经济和社会秩序之中,便于人们理解和信任这一经济发展趋势,从而有力保障社会稳定和谐发展。

三、大禹治水"疏而不堵"理念的体现——德州四女寺枢纽工程

大禹治水对后代防洪工作的开展起到了示范作用。禹采

用的治水方略主要是疏通主干河道，导引洪水入海，疏通支流小河，将地面渍涝迅速排入大河。由于采用了适合当时生产力水平的方法，疏导河流的方法使得下游平原得到普遍开发。人们再也不会让洪水像以往一样四处漫流，危害家园。大江大河上最早兴建堤防的是在黄河下游，当年沿河两岸的齐、赵、魏三国为保护自己的领地，相继修筑黄河大堤。堤防的兴建可以显著地提高河床容纳洪水的能力，改变河道输水特性，进而起到控制洪水的作用，防洪更加主动了。当今的黄河以北地区主要是沿海和低地，当汛期到来时人们利用"疏通引导"的方法保护家园，并且利用现代化设施来应对洪水带来的危害。

在德州，体现大禹治水理念的水利工程为四女寺枢纽工程，其位于山东省德州市德城区、武城县和河北省故城县的两省三县（区）交界处，是漳卫南运河中下游的主要控制工程。其上游接卫运河，下游分别接漳卫新河与南运河，由漳卫新河南进洪闸、北进洪闸和南运河节制闸及船闸组成。该工程是一座既能防洪除涝，又能航运、灌溉输水的大型水利设施，是京沪铁路及下游广大地区的重要屏障。

这座工程竣工于1958年，1972年为提高泄洪能力，进行了扩建。不仅保证了沿河各类用水的需要，更使洪汛季节沿线的安全得到保障。此工程是在明清减水坝遗址基础上建造的，四女寺减水坝是南运河甚至是南、北运河最早建造的减水坝。在减水坝建成之前，周边及沿河洪涝灾害不断，损失严重。随着工程建成以及后来不断的续建与周围配套水利设施的建成，漳卫南运河几无洪涝，成为大运河历史的"续写篇章"。它成为京杭大运河上重要的水利工程，2013年3月国务院公布了第七批全国重点文物保护单位名单，它作为京杭大运河附属建筑名列其中。

漳河、卫河的上游来水，通过南进洪闸就可以流入漳卫新河；通过北进洪闸可以入岔河，经过德州市区后在吴桥大王铺重新汇入漳卫新河；通过南运河节制闸可以入南运河，最终在天津汇入海河后入海。

提及四女寺水利枢纽，就不得不提及它所涉及的河流。《尚书·禹贡》"导河"记载，当时的黄河流至今天河北平原中部后，"北播为九河"。这九条河在《尔雅·释水》中记载为徒骇、太史、马颊、覆鬴、胡苏、简、絜、钩盘、鬲津等九条河。其实"九"之数在古代往往有"最""极"的意思，表示数量极大极多，因此"九河"不一定就只是九条河，而是黄河下游众多岔流的总称。其中黄河"九河"之中的鬲津河，是最南端的一条河，也就是四女寺减河的前身。据《汉书·沟洫志》记载，九河中最南一条即鬲津，故道在西汉鬲县（今山东平原西北）附近，东流入海。2022年出版的《新华字典》（第12版大字本）解释："鬲津河，古水名，即今漳卫新河。"鬲津河本来与运河是两条河，并不相接。明朝为了弥补卫河水量的不足，确保漕运通道畅通，就把漳河改道引入卫河。虽然水量有所保证，但是却又因为漳河、卫河受季节性影响较强，雨季容易造成泛滥、决堤，旱季则又水量不足，而作为漕运的通道又需要水流平稳。于是明永乐十年（1412）就开挖了四女寺减河，把运河与古老的鬲津河相接，最初的减河口在德州西北。弘治三年（1490）四女寺减河的上口移到了四女寺,还同时建设了"堰",也就是减水闸,用来控制泄洪流量。这样的结构就可以通过减河与减水闸综合使用来控制运河水量,即漳卫河上游来水量大时就控制多余水流入减河,如果上游来水较少,就需要用减水闸来蓄水增加运河水量利于漕运。

但是由于古代技术力量、技术条件以及建筑物料的落后,减河、减水闸需要年年进行维护、重修才能保证使用。到了清朝初年,四女寺减河"淤塞已平"、减水闸"闸座废坏不修",造成了山东、直隶一带运河经常泛滥。康熙四十四年(1705),四女寺减水闸重建,不久又复淤废。雍正四年至雍正八年(1726—1730),又对河道进行疏浚,将原减水闸改建为滚水坝,乾隆二十七年(1762),因泄水不畅,将坝展宽四丈,落低一尺六寸。当时挑挖的河段长二千五百二十五丈,至九龙庙入老黄河(鬲津河)。

虽然明清两朝对四女寺减河多次维修,但主要力量都集中在了河头的工程,河道维修只限于上游10余里,下游400余里则不设堤防,河水漫流,起不到减河的作用,至光绪年间,全部淤废。1924年下泄洪水最大流量仅6立方米/秒。

新中国成立后,于1955年重新疏浚了河道,设计分泄流量55立方米/秒;1956年再次进行治理,挖河、筑堤206千米,设计行洪流量400立方米/秒;1957—1958年治理时,兴建了四女寺水利枢纽,沿河还修建了30座木桥,挖河、筑堤,完成土方4121万立方米,设计行洪流量850立方米/秒,校核流量1230立方米/秒。

该水利枢纽素有"北方葛洲坝"之称。它的修建充分体现了大禹治水所采取的"疏而不堵"的理念,即尊重水的特性,采取疏导的办法——引流、分洪,既满足了中下游地区对水的需求,在洪涝时期又能分洪,解除了洪水对中下游地区的威胁。

四、禹城命名的由来

禹城历史悠久,属龙山文化。唐虞、夏商时属兖州。西周属祝地。周武王灭商后,把黄帝的后代封到祝,称祝国,城址在今济南西郊的古城村。东周时属齐国,称祝柯(又名督扬)。秦时改行郡县制,置祝柯县,初归齐郡,秦始皇二十七年(前220)属济北郡。西汉属青州刺史部平原郡,汉高祖十一年(前196)改祝柯县为祝阿县。汉新莽时(9—24)改祝阿县为安城县。东汉时复为祝阿县属青州刺史部平原郡。三国时属魏地青州济南国。西晋时属青州济南郡。东晋时祝阿县升为郡,属青州。南北朝,初归南朝刘宋,宋改祝阿郡为县,属青州济南郡。北魏泰常八年(423)归北魏。北魏皇兴三年(469),祝阿县城址自济南西郊古城村迁至齐州西北85里的阿阳城,属齐州济南郡。隋属青州齐郡。唐属河南道齐州。唐天宝元年(742),唐玄宗李隆基为纪念大禹治水之功,改祝阿县为禹城县,置禹城县县城址阿阳城。唐乾元二年(759)县城守将李铣决河拒敌(史思明)南犯,故阿阳城毁于水,城址徙迁善村(今禹城旧城),仍属河南道齐州。五代十国沿唐制。金时属济南府。金天会八年(1130),分治齐河县。元代禹城县属曹州。明清时属济南府。

1912年禹城县属山东省济南府。1913年属山东省德临道,次年改属东临道,1926年复属德临道。1928年起属山东省第六行政督察公署。抗日战争时期,日伪控制县城和铁路沿线5个区,1938年4月建伪县公署,属鲁北道。同年11月,中共禹城县委在县境南部(担杖河以南地区)建立禹城县(南部)抗日民主政府,隶属鲁西四专署;1942年夏,同齐河县抗日民主政府合并为齐禹县抗日民主政府,隶属冀鲁豫一专署。1939年1月,在县境北部王寨一带也建立了禹城县抗日民主政府,隶属冀南行署第七专署;1943年6月与平原县南部抗日民主政府合并为平禹县抗日民主政府,先后隶属冀鲁边区二专署、渤海区二专署。1945年9月,成立齐禹县民主政府,隶属冀鲁豫一专署未变。1946年5月平禹县撤销,成立禹城县政府,隶属渤海区泺北专署。

1950年5月,撤销齐禹县,将6个区划归禹城县隶属德州专署。1956年1月,改属聊城专署。1958年12月15日,禹城县并入高唐县,隶属聊城专署;1961年7月1日,恢复禹城县建制,复属德州专署,至1985年未变。1993年,撤销禹城县,设立县级禹城市。

地名跟地方传说一样,不会平白无故地产生,一个地方为什么叫这个名字而不是其他的名字,必定有其特殊的地理、历史、文化原因,而地理环境的特点应该是一个地方得名的最基本原因。因此探讨禹城得名的原因,首先对禹城的自然地理环境要有所了解。

禹城市地处鲁西北平原,东北与临邑县毗邻,东南与齐河县接壤,西南与茌平、高唐搭界,西北与平原县相邻。禹城市地处黄河中下游冲积平原,地势自西南向东北缓缓倾斜。地势平坦,海拔最高处26.1米,最低处17.5米。禹城及其所在的德州地区,正位于黄河下游洪水泛滥的要冲地带,历史上,德州市境内曾有两次黄河大迁徙,上千次决口,造就了西南高、东北低的地形。由于泛道与流速所致,加之风力堆积之因素,形成了平原之中起伏不平、岗坡洼相间分布等特点,境内地貌大体可分为河滩高地、高坡地、平坡地、洼坡地、洼地、扇形地和河槽地等7种类型。河滩高地和高坡地分布在西南部、中部和西部的李屯、辛寨、前油坊、善集、大程、房寺、十里望、禹城镇等乡镇;洼坡地分布在北部、东部和南部的辛店、来凤、梁家、张庄、二十里堡、伦镇和莒镇等乡镇。

历史记载大禹治水的河流为九河:一曰徒骇、二曰太史、三曰马颊、四曰覆釡、五曰胡苏、六曰简、七曰絜、八曰钩盘、九曰鬲津。关于"九河"的记载,最早见于《尚书》,后《史记》亦载。《尚书·禹贡》云:"九河既道(导)。"《史记·李斯列传》亦云:"禹凿龙门,通大夏,疏九河。"其中鬲津、马颊、胡苏、钩盘、徒骇五河均流经今德州境内。

流经德州的河流,除了黄河之外,还有卫运河、漳卫新河,跨市的河道有徒骇河、德惠新河和马颊河,以上河流除黄河外,均系海河流域南系。除跨省、市大河外,市内有大于1000平方千米流域面积的较大支流两条:一是新赵牛河,位于禹城南部、齐河西部,属徒骇河流域;二是六五河,位于陈公堤两侧,属漳卫新河流域。流域面积300~1000平方千米的支流有12条,其中徒骇河流域有苇河、四新河、管氏河、老赵牛河和邓金河,全部属于徒骇河的支流;马颊河流域有笃马河、宋家河、宁津河、跃进河;德惠新河流域有禹临河、临商河、跃进河。徒骇河和马颊河都是历史上黄河泛滥造成的古河道。除以上主要支流外,德州境内还有流域面积100~300平方千米的支流53条,30~100平方千米的114条。禹城市境内,有主干河道26条,分属徒骇河流域和德惠新河流域,全长393千米,流域面积大于30平方千米的支流,徒骇河流域水系有14条,德惠新河流域水系有7条。禹城境内河流受季节雨量影响极大,到雨季,雨量剧增,河流水位随即暴涨,出现洪峰,甚至决堤漫溢,造成洪汛,到了旱季,河流水位急跌,进入枯水期,多数河道出现断流干涸的现象。

据清代以来的历史文献记录,禹城有记载的水灾如下[①]:

时间	年降水情况	损失
顺治七年(1650)	河决金龙口,溢县境	房庐舍尽漂没,溺死逃亡无算
康熙四十一年(1702)	大雨	大饥
乾隆二年(1737) 乾隆十年(1745) 乾隆三十一年(1766) 乾隆五十五年(1790)	大水	大饥
嘉庆六年(1801) 嘉庆八年(1803)	运河决口,水至城下。黄河于横家楼决口,溢县境	—
光绪九年(1883)	大水	田庐漂没
1921年	1021毫米	—

----

① 山东省禹城县史志编纂委员会编:《禹城县志》,济南:齐鲁书社,1995年,第66—67页。

时间	年降水情况	损失
1937年	大涝,可平地行船数十里。城南水数尺深,城西南冯王庄北徒骇河溢水	—
1951年	983.60毫米	积水百万亩,成灾66.53万亩,车站西南徒骇河决口,淹没县城附近土地5万亩
1961年	暴雨34次,年雨量1146毫米	绝产88万亩,倒塌房屋21,446间
1962年	704.40毫米	绝产41万亩,倒塌房屋23568间,砸死6人,砸死牲畜4头、伤10头
1963年秋	948.70毫米	绝产52万亩,房屋倒塌17,000间
1964年	1144.40毫米	受灾面积89万亩,倒塌房屋3048间,砸死、淹死21人,伤52人,死伤牲口6头、猪羊69头
1971年	679.20毫米	绝产5万亩
1973年	766.90毫米	成灾农田46.5万亩,绝产15万亩。
1974年	747.70毫米	成灾农田16万亩,绝产4万亩
1977年	655.80毫米	成灾农田16.51万亩,绝产7万亩。

洪水泛滥,为了逃避洪水,筑土为高台而居,这是人的本能。禹城地处鲁西北平原,位于黄河的下游,鲁西北平原自古

就是洪水灾害的重灾区。考古学者发现从菏泽、聊城直到德州、滨州、潍坊等鲁西、鲁北平原上，分布着众多古丘台遗址，有很多以"堌堆"命名的地方，都是古代丘台遗址之所在，其年代可以追溯到龙山文化时期。很多丘台遗址都有龙山文化时期文物出土，禹城的具丘山就是其中之一，考古学家将此类文化遗存称为堌堆文化。而广泛分布于鲁西北平原的这些古丘台遗址，正是这一地区洪水频发的见证。这些古丘台遗址，与其周围平原地貌形成鲜明对比，十分引人注目，不可避免地成了当地民间传说的对象，在民间传说中这些丘台遗址与洪水猛兽结合起来，正反映了围绕着这些丘台的洪水记忆。鲁西北地区的禹王台古迹和大禹传说，正与这一地区自古以来洪水灾害频发的特殊地理环境密不可分。

此外，禹城命名还因为人们普遍认为传说中大禹所治理的河道是黄河中下游，禹城正处于黄河三角洲地区，这也为禹城因大禹治水而得名提供了依据。

五、禹城之禹迹

鬲国国都。山东省文物考古研究所研究员张学海在《虞夏时期禹城历史探》一文中阐述道："有鬲不在德州市德城区，而在南面不远的禹城、齐河、济阳一带。禹城、济阳聚落群为有鬲氏"，"禹城、济阳聚落群，位于禹城中部、齐河北部和济阳西部，群内已知龙山文化遗址17处。其中，禹城境内9处，8处分布在城关镇及其周围乡镇"。按现存的古迹、文物、资料分析，也足以证明禹城老城地下有龙山文化城，应该是鬲国国都。山东省文物考古研究所研究员王树明、中国社科院考古研究所研究员曹定云、四川大学教授彭邦本、《鬲与鬲文化》作者鬲向前都对这一问题达成共识。

鬲国是上古时期一个非常著名的方国。而禹城又是有鬲氏族政治、经济、文化中心,生存年代约在公元前2500年—公元前1100年。尧帝时,茫茫大地遭水淹,黎民百姓皆忧愁,尧命鲧率众治水。舜受尧禅让后,处死治水不力的鲧,命鲧的儿子禹继续治水。大禹初进禹城,先是来到鬲国都城西南35里的高国。有鬲氏族首领得知后,亲自迎接大禹到鬲国,并在鬲国国都西10里处(今具丘山)率众聚土成丘,作为大禹治水的指挥中心。当时鬲氏族是大禹治水的积极响应者,成为治水的主力军。水患平息后,在大禹指导下,开展种植、纺织、制造、修建、养蚕、渔猎、编织、行医、制药等,逐渐发展成为文明、进步的氏族部落。明代翰林刘士骥在《禹迹亭记》中记载:"禹台(具丘山)在城西十里,高十仞,广倍之,相传禹所憩也。"1977年2月23日,山东省革命委员会将具丘山评定为省级文物保护单位。

禹息故城。禹息故城又称古高唐城,位于今禹城市伦镇西北。《太平寰宇记》卷十九:"唐天宝元年,在齐州西北八十里,以祝阿县(今禹城市)西南三十里有废禹息故城为名。"清光绪朝《高唐州志·高唐故城》载:"高唐故城在城东七十里伦镇西北。"今故城遗址占地约13.5平方千米。南面有大城子坡村,北面有小城子坡村,相距3.5千米;东面燕寨村与西面堂子街相距4千米。城址偏西侧有一高台,长160米,宽14米,高出地面1.2米。当地人讲,此台是禹息故城的最高点,曾是制陶作坊。如今田野上仍能看到陶片、瓦砾。1963年发现了完整的陶罐、盆、鬲数十件,多为龙山文化时期的器物。2003年发现龙山文化期的磨制石锤一块。从地势、地形、地貌、地质分析,故城地域在上古时期是高数十米、底阔二十几平方千米的土丘,古城建于土丘之上。通过城址叠压状况分析,此地有三城叠压。通过分析土层、出土文物及文献记载,故城遗迹的最下层可能是太昊时期的高阳城,中层可能是大禹时期的禹息故城,最上层是西周以后的高唐城。

大约5000多年以前,德州区域是黄河漫流入海之地,河岔纵横,湖沼棋布,地势低洼。禹息城位于黄河、古漯水交汇的东南岸一高丘之上,西面有黄河水由南向北奔流,北面有漯水河由西南向东北缓缓入海。北、西有疏水、挡风、避袭屏障,南、东有肥沃土地、丰茂森林,成为人类栖身的物华天宝之地。

相传,东夷太昊部落的一支最早迁居于此,筑高阳城。后来炎帝派祝融率部族东进,以寻求新的栖身地。祝融来到高阳城后,重建高阳,炎帝东巡狩,封高阳区域为高国。祝融善于用火,教人用火烹煮食物,称火德帝。后有周武王封高阳地区为祝国,秦汉时又建祝阿县,唐代禹城东门取名"祝阳",都与先祖祝融中兴高阳城有关。现禹城有朱姓族,家谱续祝融为祖,专供奉之。黄帝时期,将其孙颛顼封于高阳,号高阳氏,古"阳""唐"不分,故高阳即是高唐,因此高阳城亦称高唐城。

尧舜时期,洪水泛滥,今德州区域成为泽国,高阳城亦被洪水所毁。大禹受命治水,东巡视察水情,来到高阳故城。因为此地地势较高,又处于洪水泛滥之核心,所以将治水督导中心设立于此,规划、指挥疏水导流。大禹初到之时,正值灾祸连绵,水洼沼泽遍野,困在土丘上的百姓,耕耘无田,狩猎无场,采食无果,饮无清泉,寒无裹衣,水浇兽袭无助,伤病瘟疫无医。大禹治水,脱民于困境,躬耕兴农,百姓大悦,敬之为神明。禹率众在高阳故地重建城池,百姓安居乐业。为纪念大禹,后人名之"禹息故城"。

相传,禹息故城上下分九层:一层为水陆码头,二层为粮草及车、马、牛、羊等急用物资的存放基地,三层为造船、车、耒耜的场所,四层为居住区,五层为众部落首领商讨大计、统筹调度的集合点,六层为物资存放基地,七层为大禹督水总指挥部,八层为酿造作坊,九层为制陶、磨造石器的作坊。各层间有转道、直道相通。陡坡处设木制滑轮车,专运重型物资。当时四方百姓蜂拥来投,大批青壮年分水陆从禹息城奔赴治水前线。大批治水物资不停地调集运出。工匠们日夜打造各种器械、工具,百姓们忙于纺织、耕种、养殖等。

关于禹息故城,还有另一传说:鲧受命治理洪水,盗息壤而用,上帝怒而诛之,鲧藏息壤于东洲,禹继父业治水时,上帝准用息壤。禹受命后东寻息壤,在禹息故城找到且掘而用之。息壤是指黄黏且带有黑色的有机之土。黄色是源于昆仑山随水冲击而沉积的土,黑色是草木腐烂而成的土。此土肥沃,有生养万物之功能,黏合力强,又有凝聚力,是建城筑坝的良土,因而息壤被视为宝土。息壤取之不尽、用之不竭,在治水中发挥了巨大的神威。禹在此建立了治水指挥部历时8年之久。

具丘山。在禹息故城东北30余里,相传是大禹登高观察水情之处。据禹城旧志记载：大禹为了解水情，从禹息故城徒步来到此处，为察看水势，率众聚土成丘，后人称之为"具丘山"。大禹恩泽，后人世代垂念。为纪禹功，后人在山上筑亭一座，名"禹王亭"。

禹王亭最早建于何时，已无从考证。清嘉庆朝《禹城县志》记载：唐乾元二年(759)，禹城县城移迁善村（现老城址）。建成之初，首任县令登城向西眺望，见河西有一小丘郁郁葱葱，绿荫丛中隐现着一介草亭，似有紫气缭绕。县令遂问当地一老者："此系何山？"老者曰："具丘山。"老者遂将禹王在具丘山上观察水势、疏洪导水之事禀告了县令，并说："几千年来，当地百姓为缅怀大禹为民造福之德，在具丘山上栽树、移植花草、结扎草亭，供奉禹王灵位，祈求禹王保护一方百姓平安。"是日，县令召县内豪绅三老，商定在县城西门内修建禹王庙，在具丘山上修建禹王亭，让世人永记大禹治水的功德。此举得到百姓的积极响应，富者自愿献粮捐款，穷者自愿出工。筑亭建庙的工程当年就完成了。禹王亭内供奉着禹王神像，县令亲率官员民众祭祀禹王。此后，历代县令每年春清明、秋中元都亲赴禹王亭祭奠禹王。自唐至元，禹王亭几次被毁。

明万历三十二年(1604)，当地百姓在具丘山上重建禹王亭，翰林院检讨刘士骥作《禹亭记》，歌颂大禹功德。清康熙五十年(1711)，知县曾九皋重修、扩建禹王亭，作《禹亭记》，重述大禹功德。禹王亭占地40余亩，坐西面东，蓝色砖墙，绿色琉璃瓦顶，余为木结构。底层三间并排三个拱券门，二楼二楹三间有平台厦，中间塑有禹王全身坐像，威严肃穆，面朝东方，高

1.89米,上涂金黄色的油彩。坐像两侧童男童女手持日月龙凤扇;坐像前上方檐下嵌一横匾,上镌“神功千古”四字。亭前左右配有厢房,并植松柏数株,古雅肃穆。清道光七年(1827)五月,民族英雄林则徐离京南下,任陕西按察使,署布政使,曾在禹王亭逗留一夜,并将其观感记入日记。明清时期,禹王亭香火大盛,前来拜祭禹王者络绎不绝。不少文人墨客也来此朝拜观光,留下了不少诗词墨宝。这些作品有的被刻碑留存,有的载入县志,为当地留下了一笔可贵的文学遗产。清至民国,禹王亭香火尚盛。每年春秋季节还在此举办庙会。日军侵华时,禹王亭院内两配殿被战火摧毁,亭之前厦被拆除。禹王亭惨遭破坏。至此,禹王亭逐渐荒芜。

1977年2月,山东省公布具丘山为龙山文化遗址,为省级文物保护单位。1996年,禹城市政府拨款,群众捐款、提供历史文物,重建了禹王殿和禹王亭,殿、亭金碧辉煌,雄伟壮观,再现了大禹精神的感召力与凝聚力,反映了人们对大禹治水、造福于民的感念。

河流。禹疏九河,《尔雅·释水》载其名为“徒骇、太史、马颊、覆、胡苏、简、絜、钩盘、鬲津”。上述九河在今鲁西北和鲁北一带仍有大部分河道存在,其中徒骇河在禹城境内西南—东北向流经43千米。三国时期经学大师孙炎在其著作《尔雅注疏·释水》写道:“徒骇者,禹疏九河,功难,众惧不成,故曰徒骇。”根据孙炎的解释,徒骇之名是因大禹治理此河时用工极多,众徒惊骇,故名徒骇。西汉时,古徒骇河河道在今德州以东。数千年来,故河早湮,形迹难觅。如今的徒骇河并非禹疏之河,而是金元时期开挖并以"徒骇"冠名的一条防洪排涝河道。徒骇河源自聊城的莘县文明寨村东,向东北流经山东的莘县、南乐(河南省)、阳谷、茌平、高唐、禹城、齐河、临邑、济阳、商河、惠民、滨城、沾化、无棣14个县区,河道全长436千米,是山东的一条重要防洪灌溉河。据《禹城县志》载,明代禹城城墙"西门曰鬲津"。另据《史记·河渠书》记载,禹曾分河为二水,古漯水为其中之一。据考证,古漯水在禹城境内的故道即今之苇河,现已成为徒骇河的一条支流。此外,今城北黄河故道沿线之张庄镇黎济寨村西仍存有偏东北走向之禹堤遗址。

六、结语

大禹治水作为我国著名的上古神话,其治水传说遍及我国大部分区域。目前,史学家们普遍认可的其治理的最主要的两大水系分别为黄河流域和淮河流域。本文选取禹城与大禹治水作为研究,基于以下三点:

早在石器时代,黄河中下游地区就已经形成了中国最早的新石器文明,被誉为中华文明的摇篮。黄河上游流经黄土高原,难以计数的泥沙被带入河道,造成黄河泥沙量极大。而到了黄河中下游后,地势平缓下来,大量的泥沙沉积下来,造成黄河河道的淤积和堵塞,水位上升,水患连年。禹城正处于黄河中下游,史料记载中,禹城自古受水患之害较重,有治水的必要。这是大禹在禹城治水的依据之一。

大禹治水传说属于龙山文化时期,而在禹城挖掘出土的文物也属于龙山文化文物,禹城的具丘山为龙山文化遗址,这与大禹治水所处时期吻合。这是大禹在禹城治水的依据之二。

　　早在原始社会晚期,大禹族人夏民的足迹就已经到了目前的禹城区域,并在此建立了有鬲国,这些传说主要是在古兖州境内流传,而据《禹贡》记载,现在的禹城市属于古兖州的辖地,这是大禹在禹城治水的依据之三。

　　综合上述种种,禹城关于大禹治水的种种传说,都是具有悠久的历史和比较真实的历史依据的。在禹城出现治水的传说,也说明在原始社会,居住在禹城一带的夏氏先人有过与洪水抗争的历史。通过探究禹城与大禹治水,说明我国历史所记载的诸多神话传说,虽不能有充分的证据证明其真实的存在,但也不能将其完全抹杀,视其为虚构。

德州黑陶文化发展研究

何　丹

德州黑陶起源于龙山文化①,距今已有约4000多年的历史。它经历了从出现、发展、消失到复活的历史过程。20世纪70年代末,一批德州艺人经过多方挖掘和整理,采用京杭运河两岸的红胶泥,以手工轮制成型为方式,复活了"德州黑陶",现代黑陶应运而生,再现了新石器时代晚期制陶工艺的高峰。德州现代黑陶走出国门,远销海外,在一定程度上推动了德州黑陶文化的传播与发展。但就目前来说,德州黑陶还存在着产品实用性不强、功能单一、受众范围小等问题,这将严重影响德州黑陶文化的长期发展。因此本文通过对德州黑陶文化的起源、发展历程以及现状进行分析,旨在提供一些解决德州黑陶文化发展问题的建议和思路。

---

① 龙山文化:泛指中国黄河中下游地区约新石器时代晚期以精美的磨光黑陶为显著特征的一类文化遗存。因首次发现于山东省济南市历城县龙山镇(今属济南市章丘区)而得名,距今约4600~4000年。

一、德州黑陶的起源

中国是世界上最早发明陶器的国家之一。陶器是人类利用天然物质,按照自己的意志创造出来的新事物。它揭开了人类利用自然、改造自然的新篇章,具有划时代意义。

德州历史悠久,文化底蕴丰厚,德州黑陶文化是龙山文化的重要组成部分,其历史渊源可以追溯到6000年前的大汶口文化[①],具有较高的历史价值。

(一)龙山文化

黑陶,诞生于我国新石器时代晚期,是继仰韶文化彩陶之后的优秀陶种,被誉为"土与火的艺术,力与美的结晶",是黄河流域新石器晚期农耕文化的巅峰之作。"《简明不列颠百科全书》评价:这种轮制陶器薄如蛋壳,厚仅0.3毫米,漆黑发亮,是龙山文化中最富有特征的珍品。黑如漆、亮如镜、薄如纸、望之似金、叩之如磬、掂之飘忽若无、敲击铮铮有声,这是人们对史前文化黑陶经典的概括和描述。"[②]

1928年春,考古学家吴金鼎发现了城子崖遗址,在城子崖台地的西面断层上,出土了大量的石器、骨器和陶器。其中陶器以磨光素面为主,尤其是黑陶磨光素面最为显眼,其他的纹饰有弦纹、刻纹、附加堆纹、篮纹、方格纹和镂空纹等,其器形有鼎、鬲等炊器,也有豆、盘、碗、钵等盛食器,还有瓮、盆、壶、鬶等

---

① 大汶口文化:新石器时代文化。因遗址位于山东省宁百堡头村西和泰安大汶口一带而得名,距今6000~4500年。

② 王建文:《山东德州黑陶研究》,《艺术科技》2016年第3期。

容器和杯、觚、罍、尊等饮器。龙山文化除个别器类及一些器物的附件为手制外，绝大多数为快轮旋制，其出土的黑陶高柄杯胎薄如蛋壳，代表了山东龙山文化制陶工艺的最高峰。

据考古资料和研究表明，德州远古文化是山东龙山文化的一个重要组成部分。早在1952年，当地群众就在禹城的禹王亭故址发现了龙山文化遗存。1978年，德州考古工作者对禹城邢寨汪遗址进行了初步挖掘。从邢寨汪遗址出土的器物来看，它具有鲁东地区典型的龙山文化的一些特征，如鸟首式鼎足、黑陶"V"字形器足。其后考古工作者又先后在德州的禹城、齐河、乐陵、庆云等地发现龙山文化遗址18处，发掘出土的主要文物是陶器，且多为袋足肥硕的高档的鬲，尤其是在禹城邢寨汪遗址中发现了7件素面黑陶鬲，这是在山东龙山文化诸遗址中发现数量最多的一次。

从出土文物来看，能够找到德州黑陶系龙山文化的物证。《德州考古文集》一书将出土于德州和出土于山东济南章丘的黑陶杯进行对比，可以看到两者无论是在器型还是结构上都如出一辙。

1959年大汶口文化的发现，是我国田野考古工作的一次新突破，找到了大汶口文化、山东龙山文化先后承袭的地层根据，表明了山东龙山文化是继大汶口文化发展而来。到了大汶口文化晚期，黑陶数量逐渐增多，其器型仍以鼎、豆、罐、壶、杯为基本组合，出现了薄胎镂孔高柄杯，这表明大汶口人已经掌握了快轮旋制技术。在大汶口文化和龙山文化遗址中还发现了较多的鸟形、鸟首和鸟喙形象的黑陶，其工艺、器型十分相似。

从地层叠压关系和器型演变情况来看,二者存在着承接关系,即龙山文化是大汶口文化的继承和发展。由此看来,德州黑陶是起源于龙山文化的陶器,它的祖承可以追溯到大汶口文化和龙山文化。

(二)"有鬲氏国"与德州黑陶

有鬲氏国是上古时期的一个著名方国,有鬲氏族是上古时期较为富强、发达的部落族群,是大汶口文化后期由鲁东南、晋东北、豫西南游猎而来的散落氏族组成。有鬲氏,按照古代对有关氏族的命名习惯,可能是陶鬲的发明者或者至少是制鬲先进技术的掌握者和大面积推广使用者。据考证,有鬲氏族主要生活繁衍在禹城、齐河、济阳一带,活动范围约1300平方千米,也就是今山东德州一带。德州与"鬲"确有不解之缘,如夏代方国有鬲氏,《尚书·禹贡》记载古黄河下游"九河"之一的鬲津河,春秋战国之鬲邑,秦汉之鬲县,东汉之鬲国,等等。鬲是一种古陶器,用于蒸煮食物,其最基本的特征是有3个肥大形似布袋(也有说形似牛乳房)的足。《汉书·郊祀志上》:"禹收九牧之金,铸九鼎……其空足曰鬲,以象三德,飨承天祐。"[1]鬲是中国所独有的与古人生活密切相关的器皿,在某种意义上,以鼎、鬲为代表的陶器是中国远古文明赖以生存和发展的重要支撑,因此史学界称中华古文化为"鼎鬲文明"。[2]

---

① 〔东汉〕班固撰、〔唐〕颜师古注:《汉书》,上海:中华书局,1962年,第1225页。

② 刘伟国、朱长忠编著:《陶·黑陶历史与文化——"中国黑陶城"德州》,济南:齐鲁书社,2010年,第248页。

在人类文明的初期,黑陶应运而生,它是先民认识改造自然的又一次跨越。黑陶文化是黄河流域文化,以其深厚的历史底蕴和丰富的人文内涵,构成中华思想文化的渊源。德州黑陶留存并再现了龙山文化陶器传统的轨迹。出土于德州的鬲等黑陶文物是龙山文化遗存的主要特征,同时也是德州人发展陶业和再现黑陶技艺的渊源和基础。

二、德州黑陶的发展历程

德州黑陶经历了产生—发展—繁荣—消亡—复活的历史发展过程。据考证,黑陶文化约兴盛于公元前2800—公元前2300年,黑陶的工艺特点可以用黑、薄、光、钮四个字来概括。黑,顾名思义是指黑如漆的色彩;薄是指器壁薄如纸,如从城子崖出土的蛋壳陶,它代表了黑陶制陶工艺的最高峰;光是指它具有平滑的光泽,在不同光线下能呈现不同的光泽;钮则是指造型上具有鼻、耳、盖钮以及流、足、扣手等各种饰件和功能件。然而这种制陶技艺的巅峰之作在历史的长河中并未延续发展,随着环境变化、战乱以及青铜器和瓷器等新工艺的出现,黑陶的生产由盛转衰,至汉代(前206—220)基本消失无迹。直到20世纪70年代末期,一批年轻的德州艺人,经过多方挖掘和整理,才再现了龙山文化的昔日光彩。

(一)德州黑陶的兴衰

黑陶系先民在烧制过程中因失误而产生的一种新产品,是在器物烧成的最后一个阶段,加入了过量柴草,封闭窑门与烟囱时产生的大量碳素与浓烟融合在一起熏黑陶体所形成的。

如此烧制的黑陶陶体着色均匀,色泽透亮,受到了制陶人的喜爱,因而这种工艺得以推广和传播。

德州黑陶的出现与有鬲氏部落北迁有关。大约在大汶口文化晚期,由于战乱较少、人口激增、生存空间狭小,有鬲氏决定向北迁徙,因德州平原土地松软肥沃,岗洼起伏和缓,沼泽遍地、林木茂盛,他们便定居此地。有鬲氏部落来到德州与当地先民相互交换农耕、畜牧和酿酒、纺织产品,交流制陶技术。据相关考古资料表明,龙山文化时期,德州先民已经熟练掌握了轮制技术。这是原始制陶技术的一项重大技术革新。采用轮制法,不但能使生产效率大幅度提高,而且还能使陶器器型规整、厚薄均匀,质量空前提高。例如禹城邢寨汪遗址出土的轮制黑陶,制作精细、器体光亮,其中一件筒形杯,器壁精薄,是德州龙山文化"蛋壳黑陶"的代表作之一。

德州黑陶的出现和发展离不开地理环境的自然因素。德州是一个典型的因河而兴的城市,黄河、运河从德州穿境而过。黄河文化、运河文化在这里源远流长。德州位于山东省西北部、黄河下游冲积平原,黄河流域从西到东横跨青藏高原、内蒙古高原、黄土高原和黄淮海平原等4个地貌单元,流域内分布有巴颜喀拉山、贺兰山、六盘山、秦岭、吕梁山、中条山、泰山等山脉,其中坐落于黄土高原的六盘山、吕梁山和中条山海拔都在1000米以上,地势高亢、谷坡陡峭,经过雨水冲刷的黄土流入黄河形成泥沙,其泥土质地细腻且黏性大,是黑陶制作的天然原料。德州传统黑陶色泽光亮、陶土坚固即得益于高耸的山脉与湍急的黄河。

德州黑陶的出现、发展与古人的"尚黑"传统密切相关。先民们对黑色的崇拜经历了从感性认识到理性认识的全过程，并在上古时期形成了独特的"尚黑"文化。中国古人的尚黑传统由来已久。

"黑"在《说文解字》中解释为"黑，火所熏之色也"，表示柴火熏烤后留下的烟垢颜色。在原始社会，人类会将烟灰和木炭涂在自己的身体和物品上，以吓退野兽求得平安。在他们看来，黑夜似乎有强大的影响力，可以征服自然、征服一切。当时人类对黑色的推崇与所处的生存环境，以及不能充分认识自然、对自然界的各种现象持疑惑心理和敬畏之感紧密联系。① 远古人类在生产环境的限制下思维非常简单，对表象化的自然现象无法解释，他们以为日月、雷电的产生决定四季变化及生老病死，因而有了对日月雷电、天地山川的自然崇拜。太阳崇拜是较早产生、也是影响较深远的自然崇拜之一。太阳与人们的生活息息相关，尤其是农业和畜牧业产生之时，太阳对人们的意义显得更加重大。太阳能使作物长势良好，获得丰收，也能将作物晒死，颗粒无收。于是太阳在人们心目中地位开始上升，原始社会人类不理解太阳的奥秘，只能将太阳视为神灵，并加以崇拜。这时先民对太阳的崇拜还是一种较为原始的信仰，属于感性认识的范畴。

随着人们对太阳运动的细致观察和深入研究，其理性意识开始萌生，并与宗教信仰、哲学思想和政治意图紧密地联系起

① 杨晓彤：《中华传统文化中的"黑色"文化研究》，《汉字文化》2021年第12期。

来。阴阳概念的产生就是与太阳崇拜及因崇拜而对太阳的仔细观察分不开的。人们通过观察太阳的出山和落山有了白天与黑夜的概念。白天，太阳从东方升起，自然界呈现一片生机与活力，光芒四射属于阳的意蕴；黑夜，太阳从西方落下，自然界呈现一片死寂与萧条，光芒被遮挡属于阴的意蕴。于是自然而然地形成了世界万事万物随着太阳的升与落即阳与阴的变化而变化。

阴阳二字逐渐发展成了一种解释世界万物源泉的哲学思想，即任何事物都可以一分为二，这就是阴阳。任何庞大的事物都逃不出阴阳的范畴，任何微小的事物又具有阴阳的两方面，阴阳在一定条件下可以相互转化，"物极必反"就是阴阳转化的一种表现形式。阴阳又属于阴阳五行学说理论的基础，阴阳与五行属于形式与内容的关系，即是说阴阳内部及阴阳之间都具备着土木金水火五种物象表达的相生相克的基本关系。阴阳包括五行，五行含有阴阳，宇宙间的一切事物根据其属性可分为两类——阴类和阳类；宇宙间的万事万物，根据其特征，可以系统地分成五大类"金""木""水""火""土"。这五类事物统称为五行，五行之间存在着相生相克的关系，生克是矛盾的两个方面，也就是阴阳的两个方面。可以说阴阳五行学说是上古时期人们认识自然和解释自然的世界观和方法论。

到了战国时期，邹衍在继承古代阴阳五行说的基础上，将自然规律和社会法则有机地结合起来，提出了"五行相胜"的理论，并据此提出"五德终始说"。"五德"指五行的属性，即土德、木德、金德、火德、水德。它们之间存在木克土、金克木、火克金、水克火、土克水的关系,历史发展正是按照这种顺序循环往复,每一朝代都有五德中的一种与之配合,由此德运决定这个朝代的命运。邹衍认为黄帝为土德,崇尚黄色;夏禹属木德,崇尚青色;商属于金德,崇尚白色;周属火德,崇尚赤色。按照五行相胜原理,他推测代火者必为"水德",水气胜,故崇尚黑色。即"代火者必将水,天且先见水气胜。水气胜,故其色尚黑,其事则水。水气至而不知数备,将徙于土"①。

秦始皇对五德终始说深信不疑,他认为秦克周而立,周为"火德",而秦必为"水德",封黑色为国色。当时秦朝社会中上至天子贵族,下至平民百姓,无不以黑色作为崇拜色,通过很多秦朝文物及史料记载可以看出,在秦朝社会中,凡是使用黑色制成的器具、服饰,都是当时社会中比较受欢迎的对象。秦朝崇尚黑色与邹衍的五德终始说是分不开的,《汉书·郊祀志上》曾记载:"今秦变周,水德之时。昔文公出猎,获黑龙,此其水德之瑞。"②其中黑龙代表的就是五行中的水德。由此秦国统治者认为水德庇佑着秦国的发展,这使得秦国非常尚水。根据五德终始说,水德所对应的颜色正是黑色,从此黑色成为秦人普遍崇尚的颜色。此外秦人尚黑还有一个原因就是军事需要,据史料记载,自秦国以来到秦朝正式建立,当时的秦军中军旗、军装的颜色也大多以黑色为主,究其原因,其一,黑色在战斗中便于

---

① 张双棣等注译:《吕氏春秋译注(修订本)》,北京:北京大学出版社,2011年,第1227页。
② 〔东汉〕班固撰、〔唐〕颜师古注:《汉书》,上海:中华书局,1962年,第1200—1201页。

军队隐匿,不易被敌人发现;其二,黑色十分耐脏,在朝不保夕的军营生活中,这种黑色便于将士们穿着、清洗。正因为这些原因,在秦军与其他诸侯国的军队交战时,能够做好埋伏,给敌人致命一击。在军队接二连三获胜后,秦王更加认定黑色是一种吉祥的象征,因此在秦国统一六国后,黑色便成了秦朝的国色。

而汉初承袭秦制,崇尚黑色。汉高祖刘邦推崇五德终始学说,认为汉也是"水德之瑞"。到了汉武帝时期,对内加强中央集权,对外击杀匈奴,汉朝迎来了真正的大一统。汉朝初年所崇尚的"无为而治"的道家思想,已经不再符合繁盛王朝的发展需要,加之以董仲舒为首的儒家学派将政治推向了一个新的高度,确立了儒学的正统地位。基于此种状况,汉武帝明确规定了色彩的尊卑之别,赋予了色彩更加明确的政治意味,实现了从"尚黑"到"以黄为尊"的色彩转变,体现了历史发展的必然与政治哲学的更替。

根据上述五德终始说,夏商周三朝分别崇尚青色、白色和赤色,但都保留着对黑色至高无上的尊敬,如《礼记·檀弓上》记载"夏后氏尚黑;大事敛用昏,戎事乘骊,牲用玄"[①]。也就是说,夏代以黑色为贵,丧事、战争、祭祀这样严肃正规场合都要用黑色,而且统治者的马车、旌旗、服色均以黑色为主,这是国家意识层面的礼仪表现。还有《韩非子·十过》记载了舜和大禹在制

---

① 王云五主编、王梦鸥注译:《礼记今注今译》(上下册),台北:台湾商务印书馆,1979年,第68页。

作饮食器、祭器时"墨染其外,而朱画书其内"①,这是一种外表漆黑,内呈红褐色的陶器。在龙山文化遗址中,发掘出土了大量祭祀用黑色礼器,祭祀乃国家大事,祭器之色定为国色,这也证明了古人的尚黑传统历史悠久,并且渗透到了国家的政治生活之中。

商朝几乎每天都举行祭祀活动,正常情况下,如遇战争、奇异天象、疾病流行、嘉禾丰歉等大事会随时举行各种祭祀活动。比较常见的有祭天、祭祖先、祭泉水。商朝把祭祀和军事视为国家两件大事。所谓"国之大事,在祀与戎"②。在举行祭祀活动时,巫觋们往往身着黑袍,甚至在面部罩上一层黑布,彰显了一种神秘莫测的威严,赋予了黑色以庄重、严肃的意涵。而周朝天子在冬季"天子居玄堂大庙,乘玄路,驾铁骊,载玄旗,衣黑衣,服玄玉"③,营造了一个黑色化的生活环境和氛围。这些无不说明黑色在国家礼制中的重要地位。

此外,道家思想中也蕴含着浓厚的"尚黑"色彩。道家选择黑色和白色为"道"的象征色彩,认为黑白高居于其他一切色彩之上,有无相生。道家将世界万物的本原解释为"道",老子曰"道生一,一生二,二生三,三生万物",其哲学观点与阴阳学说相一致。据史料记载,"道"表现为玄黑之色,"玄"是老子思想

---

① 唐松波主编、李俊祥注释:《韩非子》(第五卷),北京:新华出版社,2003年,第47页。

② 杨伯峻编著:《春秋左传注》(全四册),北京:中华书局,1995年,第861页。

③ 王云五主编、王梦鸥注译:《礼记今注今译》(上下册),台北:台湾商务印书馆,1979年,第232页。

中的一个重要哲学语素，具有与"道"等同的地位，即"道可道，非常道；名可名，非常名。无名天地之始，有名万物之母。故常无，欲以观其妙；常有，欲以观其徼。此两者同出而异名，同谓之玄。玄之又玄，众妙之门"①。那么老子为什么以"玄"言"道"呢？首先，"玄"表现为一种深奥、微远、幽昧、不确定、不清晰的意象，所谓"微妙玄通，深不可识"②。在黑夜和黎明的分界，世间玄奥正在阴阳翻转之中，"玄"既是黎明将至的天色，又是宇宙的开窍觉悟、大道将启的原始。

德州黑陶的繁荣发展还离不开祭祀和巫觋的兴盛。随着祭祀活动的日渐频繁，在客观上推动了黑陶制作工艺水平的提高。黑陶作为祭祀活动中最重要的礼器，自然是登峰造极、无与伦比的精品。由此部分黑陶也实现了由日常生活器皿向礼器祭器的历史性转变，对它的要求也由以实用为主转向以审美为主，黑陶成了达官显贵、文人墨客鉴赏把玩的工艺珍品。

随着制陶技术的不断进步，先民们最终制作了远古时代的陶器巅峰之作——蛋壳陶。然而好景不长，蛋壳陶在历史长河中昙花一现，到了龙山文化晚期，黑陶工艺越来越粗糙，整体制作水平呈下降趋势，直到汉代基本消失无踪。

关于黑陶的消失，原因是多方面的：

一是水患灾害的影响。历史上德州一直是黄河入海的流经之地，德州与黄河休戚与共，德州地处华北黄泛平原，是一个水患频发的地区。黄河泥沙含量高，以善淤、善决、善徙而闻

---

① 饶尚宽译注：《老子》，北京：中华书局，2012年，第2页。

② 饶尚宽译注：《老子》，北京：中华书局，2012年，第37页。

名,特别是黄河中下游地区更是严重,而德州地处黄河下游,首当其冲。从文献记载来看,自殷商迄秦代,黄河溢、决、徙较少,西周更是无黄河溢、决、徙的记载。从"禹疏九河"至周定王五年(前622),河行禹王故道,与德州地区关系不大,战国时期黄河溢1次、决3次,但3次决口都是战争过程中人为破坏造成的。谭其骧指出:"这时期河患记载之所以如此之少,一方面应该是由于上古记载缺略,一方面也是由于那时地广人稀,人民的耕地居处一般都选择高地,虽有决溢不成灾害之故。再有一方面也不容否认,那就是其时森林、草原、支津、湖泊还很多,事实上在一般情况下,也确乎不会轻易决口改道,除非是遇到特大洪水。"①

秦统一六国后,推行"实关中""戍边郡"政策,汉代承袭了这一政策,大批人口被迁到关中地区和西北边郡,垦荒种田。由于开垦过程中乱垦滥垦,导致水土流失严重,自西汉起黄河下游河患骤增。

汉武帝建元三年(前138),黄河在濮阳决口,16郡受灾,平原郡在其内,汉武帝"发卒十万救决河"②。

汉武帝元封二年(前109),黄河自馆陶大决,武帝命汲仁、郭昌统领士卒数万人堵塞决口。后来黄河又在馆陶决口,河水漫至德州。汉政府组织民力,在决口处顺水势开凿屯氏河,自

---

① 田玉茂、史好泉主编:《德州文化通览》,济南:山东人民出版社,2012年,第57页。

② 〔东汉〕班固撰、〔唐〕颜师古注:《汉书》,北京:中华书局,1962年,第163页。

馆陶向东北,流经今德州城西南运河注入渤海。

汉元帝永光五年(前39),黄河在清河郡灵鸣犊口(今德州夏津县)决口,德州西北部各县受灾严重。更严重的是屯氏河因泥沙堵塞逐渐废弃。屯氏河堵塞后,河水失去了分流作用,只能沿原河道汹涌入海,由于水势过大,下游河堤岌岌可危。汉成帝即位后,清河都尉冯逡曾上书建议疏通屯氏河,分流黄河以减轻对原河道的压力,但他的建议未被采纳。

汉成帝建始四年(前29)秋大雨,黄河在馆陶和东郡金堤(今河南滑县东)决口。这次决口危害甚大,"泛滥兖、豫,入平原、千乘、济南,凡灌四郡三十二县,水居地十五万余顷,深者三丈,坏败官亭室庐且四万所"[①]。德州南部各县均遭水淹。

汉成帝河平二年(前27),黄河在平原决口,今平原、禹城、齐河、陵县等地受灾严重。汉成帝鸿嘉四年(前17),黄河下游溢、灌31县,毁坏房屋4万余所。哀帝时,黄河决口频繁,黎民百姓受害惨重,黄河下游地区受害尤烈。

王莽篡汉后,河防状况并未改观。始建国三年(11),黄河在魏郡决口,南移,自濮阳向东北流,在今滨州一带入海,淹没清河、平原等数郡,德州又遭洪灾。地皇四年(23),王莽新朝覆灭,随后大小军阀为争夺天下统治权而混战厮杀,更是无人顾及黄河水患。

东汉初年,经济残破,国库匮乏,无力整修黄河,任其自流。到汉明帝即位时,黄河溃决已经四五十年,连年大雨,汴水东

---

① 〔东汉〕班固撰、〔唐〕颜师古注:《汉书》,北京:中华书局,1962年,第1688页。

126

侵,河水壅积一片,民不聊生,怨声载道。

汉代黄河的决口,对德州黑陶技艺的发展和流传产生了毁灭性的伤害。每次决口都伴随着饥荒的蔓延和人口的锐减。《汉书·武帝纪》记载:"(建元)三年春,河水溢于平原,大饥,人相食。"[①]可想而知,当时先民们由于遭受连年水害的侵蚀,生命安全无法保证,大量人口死亡或逃亡在外成为流民,黑陶的制作和传承必然大受打击,甚至可能阻断黑陶技艺的传承。

二是战乱的频繁发生。魏晋南北朝时期,德州地区战乱频仍,人口变迁较大。自初平元年(190)军阀混战至建安十年(205)曹操平定河北,德州境内(时属青州平原郡)连续进行了16年的军阀混战。为争夺平原郡属地,焦和、公孙瓒、袁绍等多年交战,"士卒疲困,粮食并尽,互掠百姓,野无青草"[②],致使境内经济萧条、土地荒芜,百姓流离失所。后来占领平原郡的袁绍命其长子袁谭为青州刺史,坐镇平原。袁谭十分好战,不顾百姓生计随意发动战争,给百姓带来了更大的灾难。官渡之战后,袁绍败死,袁绍二子袁谭、袁尚为争夺河北统治权互相残杀,割据混战,两次大战于平原,德州百姓深受其害。直到建安十年(205)曹操灭二袁,占领河北,德州战乱才得以暂时平息。自曹操统一北方至魏、西晋百年时间,德州区域比较安定。

从西晋末年公师藩起兵反晋(305)至北魏统一(439),德州

---

① 〔东汉〕班固撰、〔唐〕颜师古注:《汉书》,北京:中华书局,1962年,第158页。

② 〔北宋〕司马光编著、〔元〕胡三省音注:《资治通鉴》,上海:中华书局,1976年,第1943页。

前后经历了长达134年的战乱,经济残破不堪,百姓纷纷逃亡,人口锐减。从北魏末年(526)至北周统一北方(577),农民起义迭起,军阀割据长期混战,德州又经历了长达半个世纪的战乱。由此可见,由于战乱的频繁发生导致黑陶制作技术的停滞,甚至倒退,最后不得不退出历史舞台。

三是由于水患灾害和连年战乱,人民流离失所,黑陶制造越来越粗糙,主要作为礼器、祭器的精美黑陶被青铜器和瓷器所替代。黑陶与青铜器相比更易碎,制作工序更为复杂,因此黑陶在人们的日常生活中用量逐渐减少,产量也随之下降,再加上不易保存,而且不易携带,成为黑陶慢慢消失在人们视野范围内的原因之一。

(二)德州黑陶的"复活"

在沉寂了千年之后,德州黑陶再一次出现在了齐鲁大地上。究其原因,一方面得益于改革开放的国家政策,另一方面也离不开黑陶制作者们所具有的工匠精神。

改革开放的过程也是德州现代黑陶发展的过程,借助改革开放的大好政策,德州黑陶重新焕发了夺目光彩。可以说,德州现代黑陶的发展历程与国家的改革开放政策紧密相关。

1979年,德州正处于改革初期,在国家政策的鼓励下,乡镇企业开始出现,于是由市、社、村三级投资的黑陶厂开始在于官屯公社卢庄筹建,使沉寂了数千年的黑陶得以复活。

1984年,中国第一个黑陶研究所——德州市工艺美陶研究所成立。成立后,美陶研究所进行了体制改革,实行经济责任制,打破了吃"大锅饭"的现象,在内部实行多种形式的工资制度,使职工收入和劳动成果直接挂钩,进一步调动了企业和职工的积极性,大大提高了生产效率。

从20世纪70年代末到90年代初,德州黑陶文化产品短暂地红火了几十年。20世纪90年代,随着改制,美陶所60余名技术人员另起炉灶,纷纷开办黑陶企业,形成了黑陶多家争艳的局面,黑陶品种也发展到了600余种。到90年代末,在市场经济大潮冲击下,德州工艺美陶研究所破产倒闭,德州黑陶文化产品开始走向低谷。分析其原因:从客观上讲,有体制、机制的原因,也有市场竞争激烈的因素,如德州黑陶文化产品未能适应市场需求的变化,制陶技术复杂,出工慢,无法适应人们"短、平、快"的消费需求;从主观上讲,由于市场竞争激烈,一些黑陶生产厂家盲目追求利益,弄虚作假、以次充好,可以说恶性竞争损毁了黑陶文化产品的名誉,打破了人们对黑陶文化产品的信任。

进入2000年后,情况才稍有好转,德州黑陶文化产品的市场出现复苏迹象。2002年4月,梁子陶业研制中心在德州市东风路诞生。2005年,梁子黑陶文化有限公司在创办梁子陶业研制中心的基础上,又建成了德州规模最大的集设计、制作、销售为一体的黑陶文化园,内设黑陶博物馆、开放式陶吧。2015年,"梁子黑陶"投资建设了中国黑陶城博物馆,集中展示黑陶的历史、文化、制作工艺和陶艺精品以及德州的历史脉络和文化传承。

此外德州黑陶的复活也离不开德州黑陶制作者所具有的工匠精神。一般而言,工匠精神包括高超精湛的技艺技能,严谨细致、专注负责的工作态度,精雕细琢、精益求精的工作理念,以及对职业的认同感、责任感。

20世纪70年代末,一批年轻的德州艺人在挖掘整理黑陶文化的基础上,从零做起,不断壮大黑陶产业,体现了他们对传统技艺传承的认同感和责任感。这些技艺传承人在继承堆塑、镂空、浮雕等传统工艺技法的基础上,不断创新研发新产品新技术,经过刻苦钻研,创造性地将雕、刻、镂、书、画五工融为一体,借助古代岩画、国画、汉瓦当、武梁祠汉像砖和近现代的剪纸、漆画、丙烯画、版画等艺术表现手法,讲述历史故事、人物传说、文史经典等内容,收到了很好的效果,赋予了黑陶产品深刻内涵和时代精神。他们精益求精、一丝不苟的工作态度,高超精湛、艰苦奋斗的职业素养,执着专注、追求卓越的工作理念是德州黑陶复活的根本动力。

德州黑陶从产生到今天已有数千年历史,经历了往日的辉煌和种种坎坷,如今德州黑陶不仅是一个历史印记、一个生活器具,更是人们审美的精神追求。它独特的工艺流程,质朴淳厚的品质,魅力超群的艺术效果,独特的艺术语言,丰富了人们的精神生活。黑陶工艺作为文化产品,它所拥有的历史价值、人文价值、文化价值、艺术价值和经济价值是巨大的,它所散发的艺术魅力可以说是光彩夺目的。

三、德州黑陶发展现状分析

(一)德州黑陶发展现状及特点

德州成为现代黑陶的发轫中兴之地,荣膺"中国黑陶城"桂冠,"德州黑陶烧制技艺"也被列入国家级非物质文化遗产名录,黑陶已经成为德州的文化名片。

如今德州黑陶产业形成了百花齐放的局面,有梁子黑陶文化园、宪利黑陶研究所、齐河龙山黑陶、齐河刘浩陶艺研发中心、东夷黑陶文化研究中心、张辉黑陶工作室等近20家黑陶企业和工作室,也出现了众多黑陶大师。他们各有所长,获奖无数。也正是通过这些黑陶手艺人们的不断努力与创新,近年来,德州黑陶产品不断升级,坯体表面采取画线、压花、阴刻、浮刻、立体刻、镂空刻等多种手法,产品造型多样,由刻花包装到刻陶,再到彩陶、微雕,逐渐成为一种全面艺术。现有各式花盆、花罐、笔筒、画卷筒、笔洗、挂盘、壶钵、陶俑等几十个品种、数百种样式,已成为赠送国内外友人的贵重礼品。德州黑陶也逐步走出国门,远销至澳大利亚、马来西亚、英国、美国、法国、德国、荷兰、日本等国家。

德州黑陶各品牌各有所长,在传统技艺上都有所创新,这也是德州黑陶发展的内在动力。齐河龙山黑陶工艺制品有限公司为了继承和发展龙山黑陶这一古老文化艺术,弘扬中华民族优秀传统文化,经过30多年的拼搏,根据传统制陶方法,结合现代工艺,经过纯手工拉坯、雕刻、磨光、窑变等工序,开发研制了上千种黑陶工艺品和黑陶艺术品。近几年,该公司把黑陶包装为旅游产品,与全国各旅游景区合作,将当地文化符号融入黑陶创作,同时又扩大了黑陶的开发范围,制作了一批烟灰缸、笔筒、熏器、炊器等黑陶产品。另外还与各大高等艺术院校合作并获得了一些奖项。"梁子黑陶"是德州市重点扶持的文化企业,也是目前德州黑陶发展规模较大、经济实力较强的龙头企业,从企业体量来看,其产业规模和市场占有率在同行业中名列前茅。为继续推进"德州黑陶走出去"发展战略,德州梁子黑陶文化有限公司积极推进校企合作,从2018年下半年开始,德州梁子黑陶文化有限公司与德州学院相关部门开展积极合作,决定以黑陶项目为试点,开展项目式教学模式改革。

近年来,德州市政府颁布实行了一系列的帮扶政策和措施,保护和发展黑陶产业。例如德州市制定出台了《德州市文艺精品创作扶持奖励管理办法》,对全市的文艺精品创作生产进行组织化管理;积极实施"德州记忆"工程,完成了黑陶纪录片《土与火的舞蹈》的拍摄;此外中国(德州)黑陶非遗文化产品传承发展平台获省级文化产业资金扶持600余万元。同时德州市政府也认识到了弘扬黑陶文化的重要性。德城区委宣传部组织开展了德城区黑陶文化进校园揭牌仪式等活动。德城区委宣传部副部长李金奎表示:保护和传承非物质文化遗产,必须坚持从娃娃抓起,必须充分发挥好学校的阵地作用。通过开展非物质文化遗产进校园、进课堂活动,有助于形成具有鲜明特色的校园文化,促进学生健康成长、全面发展、快乐成才。①

目前德州黑陶在政府、学校、企业以及黑陶工艺传承人的

---

① 参见周树茂、王新:《德州:小学生走进梁子黑陶 感受非遗文化魅力》,齐鲁网,2016年11月11日,https://www.toutiao.com/article/6351685345632846338/?wid=1686815801611。

共同努力下,呈现了欣欣向荣、繁荣发展的局面,其工艺制作水平不断提高,创新及科研能力不断增强,在一定程度上促进了德州当地经济的发展。

(二)德州黑陶发展中存在的问题及思考

德州现代黑陶工艺制作水平日益提高,创新能力不断增强,在高端艺术品市场占有一席之地,同时中央和地方政府对其发展也给予了大力支持,但因市场饱和、品牌定位单一、技术创新能力不足等因素,使产业转型升级艰难,黑陶作为日用品的功用正日益弱化。

其一,黑陶产品功用单一,实用性不强。黑陶的发明,是以满足当时人们的物质生活需求为目的的,具有实用方便的特点。但随着历史的发展,或是因为政治需要、身份彰显,或是由于人们生活水平以及审美的提高,黑陶的功能从以实用为主渐渐转向了以观赏为主,用途单一,在生活用品市场中的占有率低。德州黑陶主要面向的高档艺术品、纪念品、精品礼品市场,价格昂贵,目标群相对狭小,进入其他市场的程度有限。在大众旅游纪念品、礼品市场中所占份额也相对有限。

其二,黑陶制作周期长,收入微薄,产业化、现代化程度低。德州黑陶厂大多为手工作坊,生产规模小,其黑陶制作工序烦琐,包括原料挖取、原料加工、成型、装饰和烧成几大步骤。其中原料加工包含粉碎、搅拌、过滤、沉淀、压泥饼、练泥柱、发酵等7道工序,发酵一般在20天左右。而成型又包括修坯、挑砂、上水、打粉、打光等5道工序。可见德州黑陶从研究、设计、烧制到投入市场需要相当长的一段时间,其生产周期长、获利慢。

目前德州黑陶企业已经使用机器生产，但大多数机器较传统，生产效率低下，大批量、机械化生产较难实现。

其三，泥土开采受限，原材料紧缺。德州黑陶选用京杭大运河两岸特有的红胶泥作为原料，此泥土堪称胶泥中的极品，是黄河与京杭大运河在微山湖交汇后，最细小团粒被漕运船带入运河航道，经过千年沉积，在运河流域河床下形成的红胶泥。这种泥土质地纯净细腻，土质密度大，可以使黑陶呈现"如铁之质、似玉之润，如乌金墨玉之感"。但如今运河北段停航阻断了陶泥成链，再加上开采的限制和资源保护，德州黑陶的陶土资源面临着枯竭的危险。

其四，宣传力度小，知名度不高。如今一提起德州，全国各地绝大部分人首先想到的是"德州扒鸡"，而并不知道德州黑陶，对"中国黑陶城"的称谓更是知之甚少，即使是德州本地人，了解德州黑陶的也不在多数。出现这种情况，一方面是由于企业产品样式单一、营销方式原始，渠道单一，对新的传播媒介和新的营销路径不敏感；另一方面也因为地方政府宣传黑陶文化不到位。

其五，黑陶企业缺乏品牌意识，产品定位单一。部分企业缺乏品牌意识，品牌认知度普遍不高，没有建立自己的品牌和商标。另外对黑陶产品的定位单一，德州绝大多数黑陶企业都存在一条腿走路的现象——只做精品工艺品一条线，而缺乏对人民大众喜闻乐见的实用性产品的开发，黑陶文化的传播范围有限。因此开发集实用、观赏为一体的黑陶产品成为黑陶企业的发展方向。

其六,校企融合程度不高,合作形式单一。目前的校企合作主要分为两种:一是一些高校老师带队到黑陶厂和黑陶文化园进行专业学习和作品制作,二是部分黑陶艺人走进校园给学生们授课。总的来说,高校与黑陶艺人们的合作方式比较传统,还是以带徒式为主,主要受益的是高校学生,对于黑陶艺人们的影响相对较小,因而无法为德州黑陶产业的发展带来根本性变革。归根到底,这种校企合作流于表面,黑陶艺人们对德州黑陶产业的发展没有统一、明确的方向和决策,高校对黑陶产业也没有深层次的了解。

其七,民间黑陶艺人保护困难和专业人才缺乏。黑陶制作技艺面临人才断层。一方面,黑陶传承主要以带徒式为主,口传心授,缺乏系统的理论总结。随着一批黑陶老艺人相继退休或离世,传统黑陶技艺的保护和继承面临巨大挑战。另一方面,年轻的黑陶艺术工作者水平良莠不齐,一部分人缺乏审美理念和足够的实践经验,导致黑陶质量不高,还有一部分人工匠意识薄弱,耐不住寂寞,直接放弃黑陶技艺的学习,导致独特的工艺环节、技能无人为继,德州传统黑陶工艺面临着失传的危险。

四、德州黑陶发展问题的解决路径

德州黑陶文化的传承与发展有着十分难得的机遇,但也面临诸多问题和挑战。德州市政府、黑陶企业、高校、黑陶艺术家乃至社会各界应各尽其力,共同打造和塑造"传黄河、运河地区远古文化之神韵,融时代精神和审美情趣于一体"①,承载和展现德州文化、德州精神、德州特色的经典文化产品,让德州黑陶这支艺苑奇葩开放得更加绚丽多彩,使之成为德州人民引以为傲的文化艺术品牌。

(一)地方政府的引导与支持

政府在文化发展中具有重要的引领作用,德州黑陶文化的发展不仅离不开德州市政府的支持与保护,而且必须要以政府为主导。政府应在制定政策、营造环境、做好服务等方面发挥主导性作用,为黑陶文化产业的发展铺路。具体包括以下几点。

1.加大对黑陶文化的宣传力度和政策扶持力度

将黑陶等地域文化的宣传列入市重点宣传发展规划,扶持当地黑陶企业,给予当地黑陶企业以资金、人才、技术、政策等方面的支持。例如政府可以加大资金支持,帮助当地黑陶企业扩大产业园面积,提高博物馆档次,扩大黑陶博物馆规模,增加馆藏;加大人才、技术支持,帮助企业开展原材料、制作工具等高新技术的研发;加大政策优惠力度,适当放宽当地办厂、开店限制,简化注册商标审批手续,降低审批费用,为黑陶生产商、经销商提供适宜的生产、经营场所,提倡社会各界宣传黑陶文化的行为和活动,可以适当给予物质、精神奖励。

2.加大黑陶产业市场的培育、引导和推动力度

其一,整合全市黑陶研制资源,牵头创新开发集实用、观赏

---

① 李秀成:《德州黑陶的装饰艺术思想研究》,景德镇陶瓷大学硕士学位论文,2016年。

二合一的黑陶产品,打造地方特色黑陶企业。其二,协助成立德州黑陶协会,推动德州黑陶产业化、专业化、科学化、规模化发展,为黑陶产业的发展提供生存发展的良性市场环境。

3.推动校企深度融合,发挥政府宏观引导和统筹作用

地方政府应遵循市场规律、按市场交易原则办事,尊重和调动校企双方的主动性、积极性,为校企合作的深度融合营造良好的政策环境。例如地方政府可以制定有益于校企合作发展的方针、政策和措施,主导财政投入的方向和重点、教学质量的监督与评估、竞争机制的引入办法等。在尊重学校办学自主权的前提下,政府要出台校企合作相关政策,激励、引导行业、企业和社会力量联手,在多元化办学模式中鼓励越来越多的社会力量参与其中,从而使家庭、学校、行业、企业、社会等力量形成合力,构建"家校行企社"五位一体的校企深度融合体系,促进德州黑陶的发展与振兴。

4.建立专业人才引进、培养机制

实施人才引进落户优惠政策,广纳黑陶人才,共谋德州黑陶发展之路。通过建立黑陶工艺美术院校、研究校企合作课题等措施,培养黑陶制作的高质量专业技术人才,大力发展职业教育,在学校开设相关课程或专业,培养后备人才,营造尊重知识、崇尚技能的氛围。

5.提高传统手艺人的社会地位和经济保障水平

德州市政府可以制定传统手艺人资金补助办法,补助资金可以用于传承人的作品保护、创作、研发和传承工作,也可以用于补贴遇到生活困难、陷入经济困境的传承人。重点解决面临

的传统手艺人"断档"难题,提高他们的社会地位和福利待遇,鼓励他们主动作为、积极思考、转换角色。

(二)黑陶企业的自我发展

企业在文化发展中发挥着不可替代的作用。德州黑陶产业的发展离不开德州黑陶企业的技术升级、创新研发、团结联动以及现代化的管理模式。

1.调整企业产品定位,企业可以根据市场类型进行市场细分,分为礼品、工艺品和日用品市场

一方面,可以开发集黑陶生产体验、黑陶文化体验、黑陶生活体验于一体的德州黑陶文化休闲旅游新业态,开发带有黑陶文化符号的旅游纪念品、小型工艺品。发展"消费+生产"的体验式旅游模式,这种模式能够调动消费者"想学、想做、想感受"的心理,具有趣味性。因此将德州黑陶手工艺融入生态旅游,使游客在游玩过程中体验黑陶传统手工艺的工艺美、材质美、艺术美。在这个过程中人们不仅学到了与黑陶有关的专业知识,同时也培养了人们的审美能力和艺术感知力。

另一方面,在发展艺术陶瓷的基础上加大投入,加强产品的实用性及黑陶日用品的研发。坚定不移地研发集实用和观赏于一体的健康环保的新产品,加大生活用品、装修材料、现代陶艺家居等开发。例如企业可以生产黑陶茶具、餐具、笔筒、花瓶等实用器,也可以将现代黑陶产品广泛应用于空气净化、净水处理等领域,因为德州黑陶在高温烧制过程中应用渗碳工艺,其表面布满了一层活性碳物质,而活性碳具有良好的吸附性。黑陶也可作为新型装饰材料被应用于现代家居设计,比如说可以在黑陶原料中加入一定比例的碳纤维,从而改善黑陶的物理性能,使其变得更加轻巧坚固,并按一定尺寸制成陶板,作为家居空间中的墙面铺贴材料使用。①

2.加大高新技术研发力度、提升技术创新能力,走机械化的发展道路

德州黑陶企业早已实现了机器生产,但自动化水平还比较低,生产效率低下。现代黑陶企业应将机器生产贯穿到黑陶制作的各个环节,其生产线上应配备泥料球磨细化机、泥浆陈腐池、造型机、烧制专窑、压滤机、练泥机、拉坯机、烘干室、轮式压光机等十几台套设备设施。其设备可以引进,也需要企业聘请高新技术人才开展黑陶生产设备的研发工作,致力于提高黑陶的生产质量和效率。同时在研发新工具、新设备时也应该考虑到机器的使用安全性,设计安全性高的生产机器。

3.解决德州黑陶陶土资源短缺难题,积极寻找、研发黑陶原料替代品

黑陶的选料是保证质量的主要环节,一般采用黄河冲积下来的纯净而细腻的红黏土和白黏土。由于运河断航和资源开采限制,德州运河河床下的红胶泥资源有限,寻找和研发新的替代品成了黑陶生产的重中之重。企业应该在继承传统工艺的基础上,深入研究制陶原料——陶土的改进和应用,拓宽制陶原料领域,着力提高产品质量,也可以组织人员组成陶土探寻队,寻找土质细腻且黏性强的陶土。

① 参见张成群:《黑陶艺术在现代家居设计中的应用研究》,《美术教育研究》2018年第14期。

4.加强企业间的合作,充分发挥行业协会的沟通协调作用,形成灵活的企业合作模式,建立共同的规范生产流程、质量检验体系,提高黑陶企业相互配合的积极性,扩大生产规模

俗话说"一根筷子易折断,一把筷子不易断",黑陶产业要发展需要全行业的共同努力与合作。另外德州黑陶企业还可以与大型连锁零售企业和家装企业进行合作,推广实用黑陶产品,扩大受众群,形成长期稳定的生产订单,保证企业平稳发展。

5.引入现代企业发展理念,建立完整的企业链条,提高产业化、现代化程度

德州黑陶企业要引入现代企业发展理念,利用现代计算机技术提升管理水平、强化成本管理、加强监督控制,将计算机技术应用于包括市场调查、研发、技术攻关、生产制造、宣传、销售、售后服务等基本环节的产业链条的整体。

6.拓展新的传播媒介和营销渠道

合理利用网络销售平台做好产品线上推广,利用热门传播媒介建立德州黑陶企业的自媒体。例如,充分运用微信公众号、快手、抖音、微博等平台宣传德州黑陶产品,也可以将黑陶艺术应用于餐饮空间、家居设计、服装服饰店等领域,将德州黑陶潜移默化地渗透到人们的日常生活,从而扩大德州黑陶的知名度。

7.实施引进、培养人才战略,提高高新技术人才和传统手艺人的工资待遇

亟须吸纳制陶、刻陶专业人员、技术研发人才和营销人才,

高薪聘请专家和技术力量加入，不断更新产品的形式、提高质量，促进黑陶产品用途多元化发展。积极与国内各大中专院校进行深度合作，可以与高等院校开展多方面合作，采取人才定点培养方式，以定向或专项培养方式，向高校专门定制人才，这样既解决了学生的就业问题，又为德州黑陶发展提供了丰富的人才资源。此外黑陶企业也可以开展短期或长期的职工培训，提升职工的业务能力。另外还应该关注企业职工的工资待遇问题。

(三)高校的推动

黑陶作为民间手工艺，是中华民族共有的精神财富和物质财富。地方高校肩负着人才培养、科学研究、社会服务、文化传承的使命，传承黑陶文化责无旁贷，并且在传承和发展方面具有人才优势和教育优势。第一，高校为黑陶文化产业的发展提供理论引领，为黑陶产业的现代化建设提供智力支持、精神动力和思想保证；第二，高校为德州黑陶文化产业的发展提供人才支撑，能够为黑陶文化产业的发展培养造就一批高素质的管理人才、专业技术人员以及高层次的领军人物和骨干人员。

1.建立大师工作室

在校内建立黑陶工艺美术大师工作室，以大师工作室为沟通桥梁，既能使学生向这些优秀的黑陶艺人们学习技术，同时也能培养黑陶制作的传承人。大师工作室可以由学校内部专业技术过硬的"双师型"教师组成，但更需要聘请行业内的国家级、省区级黑陶工艺大师及能工巧匠。大师工作室的建立可以拉近学生与大师的距离，让学生真切地感受大师在黑陶制作及技艺表现中的真实魅力,并直接参与真实的制作项目。

2.开设黑陶制作专项课程

黑陶制作专项课程不只是一种工艺制作的简单学习和掌握,它更多的是体现一种传统的工匠精神。课程的意义和目的是了解德州黑陶文化、掌握黑陶制作过程,以保护和传承优秀的黑陶文化艺术为己任。该课程应以了解德州黑陶制作技艺发展的基本历史,同时了解体会黑陶制作工艺的美学原则,掌握黑陶制作工艺技能和造型表现方法为主要内容,力求在继承传统的同时能够有所创新。另外高校也可以将黑陶制作设立为公共选修课。公共选修课可以侧重艺术鉴赏内容,让更多的非艺术类学生感受黑陶技艺的艺术魅力。

3.校企的深度融合

在市场经济环境下,黑陶制作技艺除了要具备优秀的民间传统文化的特征,还要体现市场价值,以此支撑地方文化产业的发展。因此高校要加强与企业的深度合作,通过优势互补,提高德州黑陶制作技艺水平、创新表现形式。高校可以依托教育资源优势,加强对德州黑陶制作技艺的研究,助力德州黑陶制作技艺的创新发展,加强对传承人著作权、专利权以及商标权的保护工作,对黑陶企业及其传承人开展知识产权保护等方面的相关培训。

4.依托平台优势,推广黑陶文化艺术

第一,高校应充分发挥第二课堂的作用,组织开展丰富的德州黑陶艺术文化推广活动。配备专业指导教师,成立相关的社团、协会,鼓励学生进行相关的宣讲、展演,邀请黑陶制作技

艺传承人、工艺美术大师进行专场的黑陶制作技艺展示,鼓励学生参加黑陶制作兴趣小组、社团和其他非物质文化遗产实践活动,提高学生对德州黑陶艺术的保护意识。第二,高校应该发挥网络宣传平台的作用,积极开发第三课堂,在利用传统媒介的基础上,大力运用新媒体,如微信、微博,推出德州黑陶工艺公众号、德州黑陶文化专栏等,介绍研究动态、国家政策等相关知识,在文字宣传的同时推送视频、音频等,让学生更加直观地感受德州黑陶文化,提高学生保护和传承非物质文化遗产德州黑陶的积极性。

5.培养工匠精神,强化工匠意识

发挥高校思政教育在工匠精神培育中的作用,在专业理论教学和实践教学过程中始终融入工匠精神教育,加强校园工匠精神文化建设,为黑陶文化的传承发展培养一批兢兢业业、不怕吃苦、脚踏实地的新型技术人才。

首先,高校思政课应将工匠精神作为主要授课内容和切入点来培养学生,并将这种精神与劳动实践、生活体验联系在一起,不断内化于心。因此思政课在培养学生工匠精神时,更要注重利用课堂互动、小组讨论、情景模拟、角色扮演、实地参观、访谈交流、辩论等方式让学生产生更为直观的感受和深刻印象。

其次,要注重整合校内外资源。在校内,教务部要与宣传部、团委、学生处、校友会等部门合作,将工匠精神的培养融入这些部门活动;在校外,可以邀请优秀企业高管、劳模、非物质文化遗产传承人、工匠精神研究专家、职场达人等走进校园、走进课堂,把鲜活的工匠精神、职业素养带入课堂教学。

最后,建议加强全校教师工匠精神的培养,通过他们的言传身教潜移默化地影响学生。

(四)黑陶艺人的坚持与努力

作为非物质文化遗产传承人,黑陶艺人们对黑陶文化的传承和发展有着重要作用,努力探究黑陶文化如何顺应时代改变与发展、如何使黑陶文化传承下去应该是每一个非遗传承人一直思考与努力的方向。黑陶技艺传承人应该在产品创新创造上下一番功夫。此外还应该对当地经济发展有所贡献。具体举措如下:

1.广大黑陶艺术工作者都应积极参与黑陶创作中,设计新型黑陶产品

创新是黑陶艺术的振兴发展之路,是黑陶赖以生存、发展和传承的生命力,产品缺乏创新意识和鲜明的艺术特色,很难在市场上站稳脚跟。艺术工作者们应突破艺术门类的界限,尊重传统又不拘泥于传统,既要保留黑陶古拙、质朴、庄严、大气的文化内涵,承载德州地域文化,又要勇于探索、不断创新研发,把黑陶艺术广泛应用于壁画创作、雕塑创作、综合绘画、工业设计、装饰设计、服饰设计,努力贴近人们的日常生活,研发制作出人们用得着、用得住的实用产品。

2.黑陶艺术家们应发扬工匠精神,努力提升自己的制作技艺

黑陶是一种艺术,是一种文化,它需要培养高层次的人才,也需要专而精的传承人。"专而精"不是简单的安守本分,而是需要不断突破自身,实现创新,在黑陶创作方面如此,在其他方面亦如此。此外"专而精"其实更深一层的含义是匠人精神的传承,而匠人精神的核心就是一件事做到极致。"人一辈子做好一件事就够了! 我这一生,我只想做出更精美的黑陶。"①王宪利的这句话既表达了他对黑陶艺术的执着又体现了"天下大事,必作于细"的精益求精的工匠精神。黑陶艺术工作者应坚持严谨、负责、务实的工作态度,不断丰富自己的人文素养和黑陶专业知识,提升审美品位,提高工艺技巧。此外他们也应该担负起传承人的职责,在企业和行业中彰显大师风范,运用以老带新的方式培养黑陶技艺传承人和手艺人。只有这样,这一民族艺术瑰宝才能历久弥新、发扬光大。

3.黑陶艺术家们应该多进行交流

黑陶艺术家商讨寻找黑陶制作的新的天然原料,切磋制作技艺,改变过去工艺技术封闭的现象,共同研制黑陶制作新工具,缩短黑陶生产周期。这样不仅可以促进技术推广和普及,而且也有利于扩大生产规模,形成规模效益。加快黑陶工艺技术交流和推广,黑陶文化产业才有可能实现较快较好发展。

4.黑陶艺术家们的艺术创作应纳入德州的经济发展

黑陶艺术家们在进行创作时应充分考虑市场的作用,将作品与德州当地的经济发展相关联。众所周知,做大、做强、做精黑陶文化产业,不仅能够提高人们的人文素质,而且能够带动地方经济发展。德州的黑陶艺术家们应积极融入德州本地各

---

① 刘臻:《把每件作品都雕琢到精美极致》,《德州日报》2017年5月17日。

种社会活动和公益事业中，为德州的经济发展和社会发展贡献自己的力量。

总而言之，在国家文化产业大发展的倡导下，在企业不断进行改革创新、振兴黑陶产业的努力下，在一批热爱黑陶艺术的艺术家和黑陶艺术工作者坚持不懈地思考、探索和创新实践中，一定能走好黑陶的生存、传承、振兴、发展之路，把德州乃至中国的黑陶艺术推向新的发展高峰。

五、德州黑陶的发展前景与展望

作为龙山文化的重要组成部分，德州黑陶文化有着极其重要的历史价值、文化价值、人文价值、艺术价值和经济价值。

德州黑陶标志着中国制陶工艺达到了历史高峰，也向后人展示了制陶技艺的发展历程。黑陶不仅反映了古代先民审美取向的变化，而且传递了古代先民的生存、生活信息以及和谐社会的价值观念。它渗透于物质生活、精神生活以及社会生活各方面，不仅具有明显的民族特征，而且对于了解民族个性、心理趋向和价值观念有着重要作用。就现代黑陶而言，在内容取材上，既保持了传统黑陶"黑、光、轻、薄"的艺术特征和质朴、庄重的文化本质，又结合现代审美需求，创造性地将雕、刻、镂、书、画五工融入其中，产生了立体抽象、形态各异、魅力超群的艺术效果。而黑陶作为一种独特的文化产品，集工艺观赏、实用、收藏于一体，并因其厚重的文化内涵，引起现代人的重视。随着人们生活水平的不断提高，人们越来越重视满足精神需求，对休闲、教育、文化的消费需求日益增加。弘扬黑陶文化，使其发扬光大,能够促进地方经济的增长。因此德州黑陶文化的传承与发展尤为重要,德州黑陶产品的市场前景十分广阔。

第一,黑陶产品与陶瓷相比,对水体、大气环境和人体无任何污染,是一种天然环保健康的陶制品,当然这也是人们对黑陶产品情有独钟的重要原因之一。第二,黑陶产品用途多元化,既可作为装饰家庭、宾馆、饭店、店铺以及办公环境的陈设品,也可作为生活日用品进入人们的日常生活,也可作为馈赠礼品,更可定制为纪念品用于单位庆典、会议接待、企业宣传、来宾参观等活动。第三,黑陶产品的流向远远超出了所谓汉文化圈专项市场范围,已经受到其他国家的青睐。第四,黑陶高端艺术品还具有收藏价值,许多精品更是创出了拍卖新高,深受收藏人士的喜爱。

但就目前来说,德州黑陶文化的发展还面临着各种各样的挑战。能否解决黑陶文化的发展问题,是振兴黑陶文化的重要课题。德州想要振兴黑陶文化,必须要考虑两个不可忽视的问题:

其一,黑陶产品必须走平民化路线,实现大批量的生产供应。目前德州黑陶发展的最大问题就是产品定位单一,缺乏对日用品市场的开发与拓展,导致黑陶文化的传播范围狭小,生存空间不足。因此黑陶产品的生产要适应人们的生活需要,使黑陶进入平常百姓的生活,潜移默化地影响人们的日常生活,这样才能被人们熟知。当然这也意味着企业必须要实现大批量的生产供应,满足广大消费者的生活需求。

其二,黑陶文化产品必须走创新发展的道路,适应新时代的发展需求。德州黑陶包括传统黑陶和现代黑陶。传统黑陶以"薄如纸"的"蛋壳陶"为典型代表,体现了制陶技艺的最高水平,因此现代黑陶的发展创新显得尤为重要。现代黑陶应适应时代的发展要求,使历史与现实紧密地结合起来。在产品创作上,要注重与时俱进、推陈出新,努力发掘适应时代发展的元素,力争在视角上与传统工艺拉开层次,以赋予黑陶新的生命;在制作材料上,要有未雨绸缪的思想观念,努力挖掘或运用高新技术手段研发环保型新原料,以满足黑陶产品的大批量生产。

德州民俗文化研究之碧霞元君女神形象的演变

郑美乐

一、德州碧霞元君信仰

(一)碧霞元君信仰传入德州

碧霞元君在明清时期的汉族民间信仰中占有重要地位。"碧霞元君"一名出现于唐代,此时也应该出现了其祠庙。宋代,碧霞元君庙在一些地区有零星分布,明成化以后祠庙数量急剧增多,行宫遍布大江南北。碧霞元君庙会规模较大,在华北的一些地区规模尤大。碧霞元君庙的规模不一,有一些相当大,超过了泰山的祖庙。皇帝、王公、太监、官员、僧道、士绅、百姓、军人等都参与了碧霞元君庙的修建。碧霞元君庙大多有香火地。祠庙由道士主持的较多,由僧人管理的也占相当大的比例。一些地方有碧霞元君庙与东岳庙、天妃宫混淆的情况。对于碧霞元君这种汉族民间信仰,一些封建士大夫颇有微词。

碧霞祠初建于宋真宗时期。碧霞元君,真名毕霞,战国时期魏国公主。毕霞幼年在王室受孔子思想影响,熟读儒学,后又受老子思想影响,深谙道学,并研究了许多医学书籍,才学横溢。公元前225年,秦灭魏后,毕霞与胞妹毕仲举家迁至魏王城,并在东北太阳升起的地方筑修王母殿,济世救民,使四民安乐,教育百姓要有所信仰,成为儒家和道家学派的杰出传人。后到泰山讲学,被封为碧霞元君,民间尊称"泰山奶奶"。后人在碧霞元君生活过的王母殿处建碧霞祠,经天祈福,还愿者人流如潮,香火不断。清乾隆帝三下江南,路经乐陵到此,御笔写下"泰山奶奶之神地"的金牌匾,悬于祠旁。当代著名画家蒋之龙先生闻后大悦:"此可谓乐陵文化之精髓。"

(二)德州碧霞元君历史文化遗迹

1. 王母殿

王母殿位于山东省乐陵市花园镇,也是碧霞元君故居。王母殿村位于乐陵市东南20千米、花园镇政府驻地以东8千米处。碧霞元君(民间尊称"泰山奶奶")故居位于王母殿村内,建有大殿2座(王母殿、碧霞祠)、偏殿6座、厢房2座、广场、四大天王像、明桥、转运亭、药王殿、财神殿、日月潭、观音殿、文昌殿等,占地100亩,建筑面积15000平方米。

碧霞元君故居是泰山奶奶生活过的地方,有近千年的精神文化渗透其中,被誉为民族文化之缩影。碧霞元君故居景区内有公元前280年修筑的"魏王城",现古城墙遗迹尚存。景区内的"三女冢"为毕霞之胞妹毕仲之墓地,出土了很多战国末、西汉初期的文物。

王母殿村按照入选要求,对传统村落进行保护时,应尊重传统建筑风貌,维护传统村落选址格局及周边景观环境关系,保护好古树、古井、古桥等历史环境要素,保持文化遗产的完整性、真实性和延续性。规划区内新建、修缮和改造等建设活动,要经乡镇人民政府初审后报县级业务主管部门同意,涉及文物保护单位的应征得文物行政部门的同意。保护发展规划未经批准前,一律暂停影响整体风貌和传统建筑的建设活动。

碧霞元君故居曾推出春节祈福,元宵节灯谜会,邀请泰山碧霞祠道长设坛讲学,古玩字画展等活动,穿插鼓子秧歌、舞狮子、戏曲、杂技、马戏等民俗表演,展示刘武官豆腐皮、散养鸡等名优特产及地瓜、花生、水果萝卜、糯玉米等土特产和年画、剪纸、糖人、老粗布等手工艺品,喝腊八粥、吃年糕、吃饺子(元宵)等特色餐饮。

2.碧霞故里:魏王城的美丽传说

今天,魏王城的遗址,虽然只剩下了寥寥无几的残垣断壁,但由此而产生的、诸多的美丽传说仍在民间传诵着,其中,此处是"泰山老奶奶"碧霞元君故里的传说,被誉为这一带地域文化的缩影。

据2007年《乐陵市志》记载:"碧霞元君故居坐落于花园镇王母殿村,其历史久远。王母殿系碧霞元君(泰山奶奶)的故居,曾建有碧霞元君祠,后废。2006年4月重修,占地100亩,建筑面积5000平方米,建大殿两座(碧霞祠、王母殿),偏殿六座(文昌殿、财神殿、药王殿、观音殿、左门神殿、右门神殿),厢房两座。另建有日月潭、明桥、转运亭等景点。形成了由一桥、一亭、两潭、四大天王、八大殿组成的颇具规模的建筑群。2007年被确定为国家AA级旅游风景区。"

相传,碧霞元君,原名毕霞,系战国时期魏国的公主。毕霞自幼就聪明伶俐、乐于助人。幼年时期,她在王室里熟读了儒、道、医学等书籍,练就了一身的本领。秦灭魏后,毕霞举家迁至魏王城一带隐居。其间,毕霞公主在居所的东北方修了座王母殿,她就在此讲学以济世救民,使四民安乐。后毕霞公主又到泰山讲学,用自己的知识和本领,救助了周围不少百姓,深受当地百姓的爱戴。

随着时间的推移,毕霞所做的好事越来越多,影响面越来越大。毕霞公主的功德便传至天宫,得到玉皇大帝的认可,被封为"东岳泰山天仙玉女碧霞元君",简称"碧霞元君"。因其坐镇泰山,故民间又尊称为"泰山圣母碧霞元君"。魏王城的人们便把原毕霞公主讲学的地方称为"碧霞行宫"或"泰山行宫"。

传说东汉建安十八年(213),曹操平定北方后,某日来到魏王城,见王母殿里香客不断,香火兴旺、纸灰飞扬、异常火爆,便携儿子曹丕一起进王母殿,祭拜王母和碧霞元君。进殿后,他父子俩在虔诚叩拜时,忽听空中传出稳重且黝亮的声音:"天道微妙,魏代汉也。"曹操听后大喜,触景即发,随即就写下了"王母殿前惊天地,魏王城内问始终"的诗句。曹丕也写下了"王母三笑铸我志,天下一统称魏王"的句子。此后,曹操就假借汉献帝之命,自立为魏王。曹魏黄初元年(220),曹丕称帝,国号魏。曹丕称帝后,每年都到魏王城的王母殿进香祭拜,感谢王母和碧霞元君。

碧霞元君在广大民众的心中,成了有求必应、无所不能的神仙。她平易近人、和蔼可亲、乐善好施,又是人们心中送子的女神,让劳苦大众倍觉亲切,备受大众信赖和敬仰。美丽的传说,给魏王城披上了一件金色的外衣,使魏王城在人们的心目中更加神秘。

一千多年过去了,虽然魏王城遗址仅剩下了不足几公里的断壁残垣,但许许多多美丽动人的传说仍在民间传诵着。如今,王母殿、魏王城、公主坟等遗迹已得到重修,所建的碧霞元君故居以更辉煌的面貌,展现在了人们面前。

二、碧霞元君信仰的形成

(一)碧霞元君的由来

碧霞元君,全名"天仙玉女泰山碧霞元君"。关于碧霞元君的由来众说纷纭,主要有下列几个较为有名:

一种说法为黄帝七女之一。据明代王之纲《玉女考》和宋代李谔《瑶池记》记载:"黄帝建岱岳观时,曾经预先派遣七位女子,云冠羽衣,前往泰山以迎西昆真人,玉女乃七女中的修道得仙者。"

第二种说法为华山玉女,但一般出现之时多为泰山女神的身份,为泰山神之女。据《玉女传》称:"泰山玉女者,天仙神女也。黄帝时始见,汉明帝时再见焉。"

第三种说法为汉代民女石玉叶。据王之纲《玉女传》所引《玉女卷》的文字称:"汉明帝时,西牛国孙宁府奉符县善士石守道妻金氏,中元七年甲子四月十八日子时生女,名玉叶。貌端而生性聪颖,三岁解人伦,七岁辄闻法,尝礼西王母。十四岁忽感母教,欲入山,得曹仙长指,入天空山黄花洞修焉。天空盖泰山,洞即石屋处也。山顶故有池,名玉女池;旁为玉女石像。三年丹就,元精发而光显,遂依于泰山焉。泰山以此有玉女神。"[1] 可见汉晋时早有泰山女神的故事。汉代人们还在泰山顶上雕刻女神石像,修建玉女池作以奉祀。五代时殿堂倒塌,石像仆地,金童之像漫漶剥蚀,玉女石像也倾落于泰山玉女池内。

第四种说法为太真夫人。如《神仙传》云:"太真夫人,王母小女也,年十六七,名婉罗,字勃遂,事玄都太真,有子名三天……主事东岳。"[2]

第五种说法为战国时期魏国的公主,原名毕霞。毕霞从小就聪明机敏、平易近人。幼年时期,她在王宫熟读儒、道、医学等书籍,知识渊博,拥有一身的本领。秦灭魏后,毕霞公主举家迁至魏王城一带隐居。其间,毕霞在居所的东北方修了座殿宇,她就在此讲学。后来毕霞公主又到泰山讲学,用自己的知识和本领以济世救民,救助了周围不少的百姓,深受当地百姓们的爱戴。而随着时日的积累,毕霞公主所做的善举也越来越多,影响范围越来越广。后来毕霞公主的功德便上达了天宫,并受到玉皇大帝的青睐,被授予了"东岳泰山天仙玉女碧霞元君",简称"碧霞元君"。

除了以上几种之外,还有玉皇大帝的妹妹说、黄飞虎的妹妹说以及石敢当的女儿说等。但是"泰山玉女"作为碧霞元君

---

① 张阳:《碧霞元君形象的审美研究》,曲阜师范大学硕士学位论文,2018年。

② 转引自吕继祥:《泰山娘娘信仰》,北京:学苑出版社,1994年,第5页。

的最初形象出现年代较早，"今考封号虽自宋时，而泰山女之说则晋时已有之"①。在晋代张华的《博物志》中有对泰山玉女的描述："太公为灌坛令，武王梦妇人当道夜哭，问之，曰：'吾是东海神女，嫁于西海神童。今灌坛令当道，废我行。我行必有大风雨，而太公有德，吾不敢以暴风雨过，是毁君德。'武王明日召太公，三日三夜，果有疾风暴雨从太公邑外过。"②

(二)碧霞元君信仰的形成

碧霞元君信仰的核心是主生思想。天地万物生生不息，而"生"是人类所向往的，又关系着繁衍后代和社会的兴衰。碧霞元君的道场是在现今山东省泰安市的泰山，泰山是五岳之尊的"东岳"，是著名的道教名山。泰山之"泰"，《周易·泰卦》云："天地交而万物通也。"《风俗通义》言："泰山之尊一曰岱宗，岱，始也；宗，长也。万物之始，阴阳交代，故为五岳长。"五岳之中泰山为"东岳"，东方是太阳初升的地方，按五行属木，依四时为春，五常为仁，八卦属震，二十八宿为苍龙。"东(東)"字从"木"，"日"在其中，甲骨文中"木"与"桑"通，故有日出扶桑之说。"春之为言蠢也，产万物者也。"(《礼记·乡饮酒义》)"仁"乃天地大德。"震"与"苍龙"则是帝王出生腾飞之地。于是东方主生的思想就具体到泰山，泰山便成了"天地大德""帝王腾飞之地"。碧霞元君出于泰山信仰，很自然地继承了东方主生的思想，故《岱

---

① 〔清〕顾炎武撰、〔清〕黄汝诚集释、秦克诚点校：《日知录集释》，长沙：岳麓书社，1994年，第878页。

② 〔西晋〕张华撰、范宁校正：《博物志校正》，北京：中华书局，1980年，第84页。

史》有云："泰山位东土,察木德,而玉女坤质为水,助生成之功。"①

碧霞元君主生思想与孕育子嗣联系在一起,人们便认为碧霞元君主宰生儿育女,可以送子送福。碧霞元君在我国华北地区拥有广泛的崇拜者,因此塑造了颇受欢迎的民间女性神灵(后简称女神)的形象。百姓对碧霞元君的崇拜可以追溯到中国原始社会对母性的崇拜。女性在中国原始社会的母系氏族社会时期曾占据着重要的地位。碧霞元君信仰的变迁与形成,伴随着碧霞元君形象的逐步改变,其形象经历了一个较为漫长的变化时期,由最初的泰山玉女,后来经过宋真宗的封禅,同时融入道教思想的因素,使其宗教倾向更加明显,逐渐演变成今天人们崇拜的碧霞元君。碧霞元君在民间又有泰山娘娘、泰山老母、泰山奶奶等称呼,因此在全国各地皆兴建了娘娘庙开展对碧霞元君的祭祀,非常受当地百姓的欢迎,可以说碧霞元君女神崇拜已经深入大部分地区。关于碧霞元君的民间故事与传说的出现,多数与民间百姓密切相关,碧霞元君救苦救难、有求必应的形象,已经深入人心。

研究碧霞元君形象的变迁过程具有一定的价值,使我们对碧霞元君形象的了解更为透彻,对碧霞元君信仰形成的认识更加深入。中国历代崇尚女性"尚德"的要则,碧霞元君形象的演变也代表着民间对女神的审美观念,将贤良淑德、善良勤俭等品质作为评价女性的标准。碧霞元君以其善良的形象安抚信众的心灵,帮助陷入困苦的信众脱离精神的苦海,她带有世间

① 范恩君:《论碧霞元君信仰》,《中国道教》1995年第2期。

普通女子的特性,平易近人,充满着浓浓的人间烟火气息。

我们可以看到殿宇中的碧霞元君形象反映了道教的审美观念,体现了女性的纯洁美和神圣美。民间传说来源于百姓口耳相传,代表着百姓世俗化的审美观念,民间更加重视碧霞元君的心灵美,为百姓做主、心系百姓成为宋代这个时期碧霞元君形象中最突出的品质。民间小说中的描写也是在百姓崇拜的基础上,加以适当夸张的描写,更加突显她雍容华贵的女神形象以及其信仰的广泛影响力。

碧霞元君的形象从最初的泰山玉女到带有道教色彩的碧霞元君,再到民间俗称的泰山老奶奶,其女神形象随着社会和历史的发展而不断演变。碧霞元君形象的演变也折射了人们对其审美观念的变化,从魏晋时期塑造的泰山玉女崇尚女性容貌之美,到民间百姓心中重德轻色、注重德性美的泰山老奶奶的建立,同时"崇母意识"也大有发展,表达了碧霞元君形象所包含的对"生"的崇拜以及神灵的母性光辉,使其成为"为万世开太平"的女神。女神庙的存在,满足了女性信众的信仰需求,反映了她们对束缚自身的传统礼教的反抗,缓解了其心理压力。同时当男性有求于女性神灵时,这时候主动权就掌握在了女性手里,是一种性别关系的反转。

碧霞元君身上有着惩恶扬善的品质,是一股社会的正能量,成为人们的一种精神寄托,这与中国传统的女性崇拜密不可分,也是对传统男尊女卑思想的反抗。

三、碧霞元君形象的发展演变

邓东《试述泰山碧霞元君演进的三个阶段》(《泰山学院学报》2006年第2期)将碧霞元君形象演化进程划分为三个阶段,部分期刊文章借鉴了邓东的三阶段说,本文亦借鉴邓东的三阶段说,试析碧霞元君形象的演变历程。

碧霞元君的形象有着广泛的民间基础,泰山玉女作为碧霞元君的最初形象,在"三曹"的诗歌中被描写成神化的年轻少女形象,后来经过宋真宗的封禅,得到了官方的重视。之后泰山玉女慢慢被人们熟知,影响力不断提高,地位开始不断显现,被道教吸收以后,宗教色彩越来越浓厚,这时候泰山玉女的形象由当初小说的神话人物开始慢慢回归现实世界,逐渐走进庙宇,成为人们在碧霞祠中看到的带有宗教色彩的道教女神形象。

(一)女神信仰:泰山玉女

东岳大帝作为五岳独尊的泰山上的主神,每年都会有来自五湖四海前来祭拜的人。但如今,泰山女神碧霞元君是泰山上香火最旺、最受百姓爱戴的神祇,每年来自全国不同地区的人们对其顶礼膜拜。但是关于碧霞元君到底起源于哪里、何时产生等问题的说法不一。对于碧霞元君与西王母、九天玄女是否存在关联,以及她们的先后承接关系,尚无定论。我们仅从现有的资料和研究中探讨碧霞元君的形象变化与社会之间的关联。

关于碧霞元君的泰山玉女形象在诗歌当中有过记载。"据考泰山玉女之名始见于汉末曹操诗。东汉山川崇拜与神仙家、道家思想交错影响,道教吸收山川信仰,认为名山必有仙人在焉。"①曹操在诗歌《气出唱》中对泰山玉女进行了描写,"历登高山临溪谷,乘云而行。行四海外,东到泰山。仙人玉女,下来翱游。骖驾六龙饮玉浆"②。曹操借以诗歌的形式,描述了与玉女一起畅游山水的洒脱场景,自此泰山玉女飘逸婉约的形象开始显现出来。之后曹植凭借着丰富的想象力和审美意境创作了一系列令人向往的游仙诗,《仙人篇》:"仙人揽六箸,对博太山隅。湘娥拊琴瑟,秦女吹笙竽。玉樽盈桂酒,河伯献神鱼。"③《远游篇》中有"灵鳌戴方丈,神岳俨嵯峨。仙人翔其隅,玉女戏其阿。琼蕊可疗饥,仰漱吸朝霞"④《驱车篇》中有"上有涌醴泉,玉石扬华英"⑤。这些诗歌都对泰山玉女形象进行了描绘,塑造了温文尔雅、风度翩翩、纯洁烂漫的少女形象。这种婉约、飘逸、纯洁的玉女形象与魏晋时期对女子的要求与审美有着一定的关联。"魏晋人向往歌颂女性美,他们眼中美丽的女性是温婉飘逸的,华服艳妆的,安详娴雅的。魏晋士人在审美文化方面特别重视人的容貌和形象之美,尤其对女性的仪表和风貌比

---

① 周郢:《泰山与中华文化》,济南:山东友谊出版社,2010年,第248页。

② 〔明〕张溥辑译、宋校永校点:《三曹集》,长沙:岳麓书社,1992年,第62页。

③ 〔明〕张溥辑译、宋校永校点:《三曹集》,长沙:岳麓书社,1992年,第351—352页。

④ 〔明〕张溥辑译、宋校永校点:《三曹集》,长沙:岳麓书社,1992年,第351页。

⑤ 〔明〕张溥辑译、宋校永校点:《三曹集》,长沙:岳麓书社,1992年,第353页。

较关注,想要通过人物的外在形象展现其内在气质,这也与魏晋时代自我意识的觉醒和生命意义的追求密切相关。"①魏晋时期,人们开始逐步注重修身,讲究容貌举止的社会风气也随之盛行起来。因此在魏晋时期渐渐形成了一股欣赏女子容貌美的潮流。

魏晋时代人们对女性美的强烈渴求,风姿绰约、楚楚动人的玉女形象正是顺应了当时的社会审美倾向,出现在"三曹"的诗歌当中也就顺理成章了。到了唐代,在李白的诗作中也不乏对风姿绰约、仙气飘飘的女神的描绘。当李白游经泰山之时写下《游泰山六首》,其中写道:"玉女四五人,飘摇下九垓。含笑引素手,遗我流霞杯。"从这些诗句所表达出来的意境,我们可以清晰且深刻地感受一个清新质朴、一笑嫣然、仙气飘飘的少女形象,给我们创设了一种现实与神话故事相融合的意境。通过诗歌对"玉女"这一形象的描写,表达了人们对于生活中美好事物的向往,也体现了人们的审美倾向,将所有的喜爱与崇拜之情融入"玉女"这一形象,并且不断在实际生活中寻找能够对应的现实人物。碧霞元君的泰山女神形象展现在魏晋的诗歌和文献记载中,就是"玉女"形象,人们把自己心中追求的美好形象与美好希冀,凭借着自己的想象,创造了一个类似人类,拥有人类情感和人类特征,却拥有人类不具有的神迹的泰山女神形象,用以寄托自己的美好期盼。

此时期的泰山女神还是一个青春貌美、身姿轻盈、长发飘

---

① 刘容筝:《从魏晋诗文看时人的女性审美观》,《中华女子学院学报》2010年第1期。

飘、优美飘逸、柔婉优美的少女形象。人们把自己心中追求的美好形象与美好希冀,凭借着自己的想象,塑造为艺术形象和崇奉的对象,但她的具体相貌还没有得到固定,具有一定的神秘色彩。但是自宋代道教因素的融入,开始由之前的审美想象转化成人们信奉的神明,从想象描述转变为现实,更加具有现实感和真实性。

(二)女神崇拜:碧霞元君

对于泰山玉女何时变成了拥有具体名称的"碧霞元君",闫化川在《碧霞元君封号问题的新考辨》一文中提道:"历史上究竟曾否有过'碧霞元君'之封号?考诸各种官、私文献资料,始终未能发现关于'碧霞元君'之封号的明确史料记载。"[①]"笔者认为'碧霞元君'之封号并非宋真宗所封,而是系道教附会所为。"[②]周郢的《"碧霞元君"神号源起时代新考》(《民俗研究》2007年第3期)则认为唐宋两说均难以成立,而证明"碧霞元君"的具体名字应该出现于明代,碧霞元君名字的由来,应与泰山女神融入道教密切相关。邓东、曹贤香的《北宋崇宁五年的泰山碧霞元君封号》(《齐鲁学刊》2008年第4期)指出是宋徽宗封泰山玉女为"碧霞元君"。尚且不论"碧霞元君"名称出现的具体时间,但有一点我们是可以肯定的:碧霞元君之所以能够有大量的信众,以及受到部分朝廷官员的广泛关注和崇拜,与其形象与道教相融合是密切相关的。

周郢在《"碧霞元君"神号源起时代新考》一文中写道:"明

---

①② 闫化川:《碧霞元君封号问题的新考辨》,《世界宗教研究》2007年第1期。

初朝廷施行祀典复古,诏去泰山神帝号,同时强化其神之官方色彩,严禁民间'非礼之渎',使泰山神信仰由民间祀典向官方祀典回归,民间对于泰山的崇祀活动,只得另寻其对象,亦即清人孔贞瑄《泰山纪胜》所云:'东岳非小民所得祀,故假借碧霞云尔。'另一方面,道徒大力将泰山女神的形象进行转化,将'泰山玉女'打造成'碧霞元君',并杜撰出宋真宗加封的'故实',其意在于:玉女作为兴起于泰山的民间神,从未列入朝廷祀典,严格说来,属于淫祀,如正德朝工科给事中石天柱等言:'祀典唯东岳泰山之神,无所谓碧霞元君者,淫祀非礼,可更崇重之乎?'道徒打出宋真宗的旗号,有助于使淫祀合法化;碧霞元君较之玉女之名,更具有道教色彩,进一步明确了其神的宗教归属性(玉女虽早见于道籍,但其名不专属于道教,如世俗称美女为玉女;而元君则为道教专名,绝无歧义);将女神形象从'年可二十四五'(《莺莺传》中所记玉女年龄)的青春女性向中老年女性转换,并赋予其主司生育的功能,以适应社会群体'母神'崇拜的信仰诉求。"

明代道教徒将"泰山玉女"打造成"碧霞元君",使其从妙龄少女转变为中老年女性,并赋予其"主生"的功能,掌管人间子嗣延续和妇女生育。这番塑造适应了社会群体"母神"崇拜信仰诉求,这番塑造成功地得到了朝廷与民间的双重认可,显然开始摆脱"泰山玉女"形象美的审美层次,逐渐升华为较高层次的审美。此时的泰山女神被称为"碧霞元君",是"想要庇佑人间,对民众有求必应"的女性神灵形象。马端临在《文献通考》中提道:"泰山玉女池在太平顶,池侧有石像。泉源素壅而浊,东封先营顿置,泉忽湍涌;上徙升山,其流自广,清冷可鉴,味甚甘美。经度制置使王钦若请浚治之,像颇摧折,诏皇城使刘承珪易以玉石。既成,上与近臣临观,遣使砻石为龛,奉置旧所,令钦若致祭,上为作记。"①

宋真宗并没有将玉女石像放在原来的位置上,而是在泰山的山顶上建成玉女祠。此一举动相当于从官方的角度表达了对泰山玉女的肯定,必然会受到百姓的认可和普遍欢迎,其影响范围广泛,泰山玉女形象也开始逐渐走红。在男尊女卑的封建观念的影响下,泰山作为皇权统治天下的象征,绝对不会让女神成为泰山的主人,但这次宋真宗的举动体现了官方对泰山女神信仰的重视,促进了碧霞元君形象在民间的发展和繁荣。在宋真宗的赞许下,泰山玉女慢慢走出了诗意意象的塑造,开始走进寻常百姓的生活。

宋真宗封禅泰山之后,泰山玉女的称呼渐渐退出人们的日常,由于加入了道教元素,以"碧霞元君"的官方称呼来代替。对于"碧霞"两字取源于何处,明初宋濂的一首《登岱》诗中有描述:"象纬平临青帝观,灵光长绕碧霞宫。"同时也有其他学者认为:"碧之青,取其色是东方之色;霞之光,是日出日落前后天空出现的光彩。'碧霞'一词,即是东方的日光之霞,包含了东方、太阳崇拜的种种因素。"②此时的碧霞元君已经不再是天真烂

---

① 转引自叶涛:《泰山香社研究》,上海:上海古籍出版社,2009年,第78页。

② 刘慧:《泰山信仰与中国社会》,上海:上海人民出版社,2011年,第218页。

漫、纯洁无瑕、仙气飘飘的玉女形象了，而是转换成了年纪偏大的中老年女子形象，人们的审美也自此发生了一定的变化。这种从"泰山玉女"到"碧霞元君"的转变，不仅代表着人们对于女性美的审美变化，更是在塑造人物的过程中加重了女性的光辉——母性。加入了更多的母性元素之后，碧霞元君的形象也更加威严，更加让人敬畏，原本的天真少女慢慢淡化，而宗教元素开始浓重起来。碧霞元君也成为人们寄托希望和崇拜的神灵，接受人们的崇拜，香火日渐旺盛，宗教化的碧霞元君形象逐步进入人们的视野。

> 人们祭拜碧霞元君一般会选择泰山上的碧霞祠进行祭拜，在碧霞祠大殿的左右配有东西配殿，东殿祭祀眼光娘娘，西殿祭祀送子娘娘，之所以会出现这两位配神，还是源于东方所具有的主生功能，送子娘娘主要负责生育职责，与碧霞元君生育女神的身份相吻合，眼光娘娘主要是发挥着治疗眼疾、祛除疾病的功能，能给人们带来光明，人们构想出碧霞元君的两位配神，表达了百姓对繁衍后代、延续香火的重视。[①]

宋代，因程朱理学的不断发展与兴盛，渐渐地把女子的品德美放到了首要的位置，与魏晋时期大肆追求女子的相貌美完全不同，这时候对碧霞元君的审美更趋向于道德诉求，将道德

---

① 张阳：《碧霞元君形象的审美研究》，曲阜师范大学硕士学位论文，2018年。

的完美作为至上的追求。这一时期,碧霞元君已经具备了送子、主生的中国女性神灵的普遍功能,这与中国人多子多福、绵延子孙后代的需求相符合。碧霞元君的形象立体感十足,更加贴近百姓生活和普通诉求。老百姓按照自己的意愿,不断重塑碧霞元君的形象,赋予她更多的神灵功能,使其成为人们寄托精神的载体,影响范围较广。

(三)民间形象:泰山老奶奶

人们按照自己的美好寄托,不断重塑碧霞元君的神灵形象,赋予她更多的功能,到嘉靖、万历年间,碧霞元君已经从单一的主生、送子的神变为无所不能的神。万历二十一年(1593)王锡爵《东岳碧霞宫碑》铭记云:

> 齐鲁道中,顶斋戒弥陀声闻数千里,策驶足茧而尤不休,问之,曰:有于碧霞。问故,曰:元君能为众生造福如其愿。贫者愿富,疾者愿安,耕者愿岁,贾者愿息,祈生者愿年,未子者愿嗣。子为亲愿,弟为兄愿,亲戚交厚靡不交相愿,而神也亦靡诚弗应。[1]

中国女性神灵在"人间"中更倾向于生活实际,追求生命本来的意义,因此世俗的审美精神和女性的人文情怀更符合中国民间的审美潮流。在对女神的审美评价中,女性更愿意从俗世的角度去阐释,体现了女神与普通人的密切关系。民间传说,

---

[1] 〔明〕王锡爵:《东岳碧霞宫碑》,载《重修泰安县志》卷十四,1929年。

泰山女神在十几岁得道成仙，被封号为"天仙玉女碧霞元君"，但当地百姓很少称其为碧霞元君，更多的是称呼她为"泰山老奶奶"或"泰山奶奶"，因此加深了碧霞元君在普通人内心的亲近感和认同感。从"老奶奶"的称呼上，我们就可以感受极强的人情味和世俗的气息，同时这一称呼也透着几分亲切之情与敬畏之意。这样一来，信仰的对象如同"亲人"一般地存在，似乎信仰之中多了一份"血缘"的亲情，人们的心理障碍自然会减少一些，普通信众与信仰的神灵之间的距离就会被拉近，信仰的受众自然也会多一些。

随着时间的推移，泰山奶奶的信奉者越来越多，香火也越来越旺盛，在普通老百姓心中，泰山奶奶的亲切感和世俗感更加浓厚。相比于威严的东岳大帝，泰山奶奶拥有更多的信仰者和供奉者，在这些信仰者中，女性居多。因其将把掌生死、主丰歉、婚育、吉凶、灾祸等各种职能于一身，是充满人情味的道教"慈爱"的女神形象，对于生活贫苦的普通百姓来说，他们找到了精神的寄托。同时也将对于女性和"母性"的尊崇以实际行动展现出来，普通百姓采取各类祭祀仪式进行祭拜。虽然对于女神碧霞元君的祭祀一直没有得到明确的官方认可和支持，但是在多个朝代，官员到泰山祭祀的路程中，都会去碧霞元君祠祭拜。根据相关资料调查，从出发地到祭祀东岳大帝的途中并没有经过碧霞元君祠，多数官员是绕路而行。由此可见，碧霞元君的声望不仅在民间得到了广泛的认可，同时在朝廷中也得到了广泛的认同。明清时期，碧霞元君的声望逐渐超过了东岳大帝，但是由于碧霞元君是女性神灵，而当时正处于男性当权的古代社会,因此对于碧霞元君一直没有官方的祭祀活动。

　　明人王锡爵撰写的《东岳碧霞宫碑》写道:"自碧霞宫兴,而世之香火东岳者咸奔走元君,近者百里,远而数千里,每岁办香岳顶者,数十万众。"[1]张岱《琅嬛文集·岱志》中记载:"元君像不及三尺,而香火之盛,为四大部洲所无。"[2]

　　明以后碧霞元君信仰已经从泰山地区传播到了周边地区,逐渐获得了全国老百姓们的信仰和崇拜。自从明初碧霞元君的形象在民间广为普及之后,泰山主神似乎就成了碧霞元君。碧霞元君与人们所信奉的"育化万物,始生乾坤"有关,被誉为"生育女神",其信众之多,在普通百姓之中甚至一度出现了"只知有娘娘,不知有东岳"的现象。民间信仰力量的不断壮大,极大地推动了碧霞元君的神灵能力拓展,影响力也不断增强。"泰山奶奶"逐渐成为人们信仰的神灵和崇拜的偶像,她具有"慈悲博大"的"老母亲"的民间性格,保护着人民的福祉。"泰山奶奶"以倾听群众诉求为己任,慈悲为怀,平易近人。众多的信仰者们希望碧霞元君能给他们更多的帮助,信仰者们通过祭祀和祈祷与神灵交流,希望碧霞元君能够回应人们的诉求,祝福人们的生活幸福和美。对"泰山奶奶"的信仰似乎是在祈求老一辈的指引和馈赠,因此来访者的目的很明确,就是实现自己的愿望。

　　《老子·第六十七》中写道:"我有三宝,持而保之。一曰慈,

---

　　[1] 〔明〕王锡爵:《东岳碧霞宫碑》,载《重修泰安县志》卷十四,1929年。
　　[2] 〔明〕张岱:《琅嬛文集·岱志》,长沙:岳麓书社,1985年,第71页。

二曰俭,三曰不敢为天下先。慈故能勇;俭故能广;不敢为天下先,故能成器长。"老子认为人应慈爱善良,而泰山奶奶的形象正是以慈祥和善良著称。中国的女性神灵形象特别强调母性的爱与奉献,道家更注重"敬母"和"重生"两种观念。因此对于在中国受到封建社会压迫的女性而言,通常会选择与慈祥的老奶奶倾谈心声,将任何苦难和愿望毫无保留地告诉泰山奶奶更符合逻辑。人们因她博爱、大度等善良品质而崇拜她,引发人们的依赖和钦佩,希望泰山奶奶能把幸福和平安带给那些遭遇厄运的人们。

泰山奶奶的信众从泰安遍及全国,积累了深厚的民心,迎合了世俗的向往与需求,成为民间信仰的主流。纵观古代社会当中对女性神灵的崇拜,我们会发现这些女性神灵皆具备"母性"特征,她们依靠自己的法力来保护信徒。事实上,这种表现出来的女神崇拜,从根本上影响了百姓的审美,包括心理。泰山奶奶的信仰在民间广为流传,其存在与发展是为了满足人类的需要而不断创造出来的,并且总是与文化的功能相结合。宋真宗封禅是为了维护治国之道,但在封禅一举带来了百姓的追崇之后,又继续推动碧霞元君新的文化功能创造。封禅后碧霞元君依旧是人们心中至高无上的女神,只是人们更愿意称她为"泰山奶奶",这反映了普通老百姓的审美心理。人们把她当作"祖母",称其为"泰山奶奶",因为其更具人情味。家庭结构的观念在老百姓生活中有着重要的影响,长辈们似乎是这个家族中最尊贵、最受人尊敬的人,于是老百姓把这个荣誉称号送给了泰山玉女,希望得到她的眷顾。与此同时,这一时期的泰山女神之容貌美,更是被隐藏了起来。人们的审美观念从对女孩的崇拜转变为对母性的崇拜,再到对祖母的崇拜。女性容貌美的弱化和道德美的加强,形成了女性"尚德"的审美观念。泰山奶奶的形象与功能的不断变化,体现老百姓审美需求的时代特点。与魏晋诗人笔下的婀娜多姿的貌美少女形象相比,泰山奶奶的形象更贴近现实,更符合中国传统社会对女性重德轻色的审美观念。随着时间的推移,碧霞元君的功能逐渐完善,从最初主生育的送子女神,功能开始不断增加,治病、救人、消除暴力、保护安全、赐予生命的功能更加突出,更符合平民化的需求。

四、碧霞元君形象的文化内涵

世俗化的审美观念催生了碧霞元君形象,其形象的不断发展演变与母系氏族社会遗留下来的母性崇拜密不可分,这种母性崇拜在以男权为主导的古代社会中并没有消失。儒家思想的出现和逐渐渗透,使人们更加重视女性的道德,对道德的要求也越来越高。比起外在的美,人们更注重心灵的内在美。碧霞元君形象的塑造过程所阐释的是儒家对仁爱、伦理道德的崇敬。同时孝道文化的理念为历朝历代所推崇,"不孝有三,无后为大"的传统观念起着重要影响。而碧霞元君担负送子之责,使信徒人数极其庞大,因此至今香火犹存。除了儒家思想对人的影响,官方思想和民间思想的融合,也提升了碧霞元君在泰山信仰体系中的地位,使得信仰者渐渐增多。

(一)母性崇拜的文化积淀

碧霞元君是女性神灵,对碧霞元君的崇拜要追溯到原始社会时期对女性的崇拜。在历史的演进中,对女性的崇拜已经发展成为人类的集体无意识,烙印在人类的记忆中,随着历史进程的不断发展而日趋完善。这些原始意象的背后,是共同的心理土壤和共同生活的人们的原始记忆。对女神的崇拜属于人内心深处的潜意识,对整个民族的发展也起着至关重要的作用。在母系社会时期,对女性的崇拜是母权的体现,也是母系社会的主导社会意识形态,推动了母系社会的不断发展变化。在当时的社会条件下,文化和宗教的核心应当是对母神的崇拜。对母神的崇拜更多源自对女子生育能力的崇拜。有人提到,女性的生育能力与母神是联系在一起的:

> 1979年在辽宁红山文化遗址中出土的陶塑裸体孕妇像,1983年在牛河梁红山文化女神庙遗址中出土的残破孕妇像,1986年在辽西牛河梁女神庙红山文化遗址出土的裸体孕妇塑像。这些女性雕像都是以巨腹和丰乳为显著特征,体现了原始人们对孕妇的一种特殊的崇拜之情,她们繁衍后代,带来了种族的延续,受到了全族人的尊崇,这些发现的女神塑像都是原始先民对女性生殖力崇拜的体现。[1]
>
> 在我所见到的石器时代的雕像之中,有55个女性雕

---

[1] 李红英:《母神崇拜的生态女性主义解读》,苏州大学硕士学位论文,2010年。

像,而男性雕像只有5个。这些早期制作的男像制作粗陋,刻画得马马虎虎,由此可以断定它们并不具有崇拜的意义。这一点与男性神格的次生特征相吻合,他们在宗教史上出现较晚,他们的神圣性质也是从他们的母亲——女神那里承袭下来的。①

当时的母系社会就是以女性作为纽带的,因此妇女在此过程中扮演着重要的角色,形成了一个以生育崇拜为核心的女性神灵。

一开始,人们对女性美的评价是与生育能力相结合的,生育能力强的女人当然是最美的女人。在原始信仰中,生育和孕育生命也是女性崇拜的重要表现,因此当研究这类现象的时候会发现,为什么有些祖先崇拜的女性神灵通常是母亲的形象,而不是年轻女孩的形象。在当时的社会条件下,丰腴的身体是旺盛的生命力的体现,是繁衍后代的象征,对女性生育能力的崇拜也是一种出现于世界各地的文化现象。"远古人类在洪荒初辟的时代,面对大自然的雄威,为了生存,为了发展,要做两件大事:一件是生产劳动,一件是自身繁殖。人类自身的繁殖,又是原始社会发展的决定性因素。"②当时生产力低下,加上自然环境恶劣,人类生命经常受到自然灾害和疾病的威胁,人口

---

① [德]埃利希·诺伊曼:《大母神:原型分析》,李以洪译,北京:东方出版社,1998年,第93页。

② 李红英:《母神崇拜的生态女性主义解读》,苏州大学硕士学位论文,2010年。

死亡率较高,人们对子嗣和人口的渴望显得极为迫切。因此妇女凭借其生育能力和在经济生活中的重要地位成为当时社会的主人。

"在《庄子·盗跖》中有记载:远古时代知其母,不知其父。传说上古有八大姓氏:姜、姬、妫、姒、嬴、姞、姚、妘,这些姓氏皆从女旁,这反映着一个知母不知父的时代,当时人们对两性关系还没有明确的认识,认为孩子的出生完全是女人的功劳,母亲血缘成为氏族社会形成的纽带。"①因此"孤雌生殖"的观点在中国古代表现得较为普遍。人们将孕育与母亲和女性繁殖能力结合起来,形成感生的概念,并将孩子的出生归因于母亲对异物的感应。我们会发现,历史上有各种各样的受孕传说。商族的始祖契是简狄吞下玄鸟卵而生的,周族的始祖后稷是姜嫄踩着巨人的脚印而生的。种种记载都反映了母系氏族社会中女性祖先崇拜的繁荣。妇女是当时氏族社会的领导者,享有很高的社会地位。妇女是采集和生产的主要力量,可以为族群提供稳定的食物来源。因此在这个母系社会时代,妇女的社会地位极高。

在中国的传统社会中,生的意义远远大于死,因此女性在新石器时代也是核心人物。在这个时期的墓葬中,考古学家们发现女性厚葬的墓群,厚葬现象体现了女性在社会中拥有着崇高的地位。商代,女性死后,有的拥有自己的祠庙,可见在商代母性文化的传承还是很明显的,女性的身份得到了整个社会的

① 张阳:《碧霞元君形象的审美研究》,曲阜师范大学硕士学位论文,2018年。

认可。从原始社会流传下来对母性的崇拜,成为一种规范着人们行为的"种族记忆"。碧霞元君来源于泰山,与东方主生的观念相吻合,送子娘娘的职能自然吸引了全国各地前来求子的人们。泰山奶奶的形象就是依托慈母形象,表达了她对信众的关切和包容,她的母性光辉形象正是能够激发人们对母亲情感共鸣的立足点,人们很容易就会把救苦救难的碧霞元君和拥有伟大的母性光辉的女性联系在一起。

(二)善性教化功能

登泰山对泰山奶奶进行祭拜是人们亘古不变的习俗,每年农历三四月份,来自全国各地的香客就会在泰山聚集,朝拜泰山奶奶。泰山奶奶以救苦救难、有求必应著称,她的最大的特点就是善恶分明、积德行善,引导人们形成一种向善的价值观。中国传统社会是以宗法观念为纽带,把伦理道德作为评价是非的标准,对中国文化影响深远的儒家思想就是"善"观念的提倡者。孔子在对"善"的提倡中,强调仁政德治思想和以仁义礼乐为中心的伦理道德观念。"善"的观念对于百姓有明显的教化作用,就是要求人要有好的道德情操和完善的人格,进而使民风更为淳朴。"善"的观念体现在伦理道德方面,就是要求人们要恪守正道、坚持道义,以谦恭之心对待别人,不要夸大其词。对于夸大其词之人,泰山奶奶也会运用她的聪明才智进行提醒,使人们能够收起焦躁之心,以谦卑之心待人待事。

有一则关于泰山奶奶与王羲之的传说故事《王羲之逛泰山》,写了王羲之与他的朋友逛泰山,口出狂言:"泰山的风景确实很美,就像我的字一样,四海闻名。"①被泰山奶奶听到了,为了让王羲之懂得谦虚,她就变成老太太,用隔墙抛饼的技艺教育他。当王羲之夸老太太的技能时,老太太回答说:"这有什么巧妙? 不过是王羲之的字——熟而已矣。"王羲之听了很惭愧。泰山奶奶的教育目的达到了,也使人们能够从自己的内心深处去进行反省。

关于泰山奶奶的传说故事在民间广为流传,泰山奶奶在这里充当了一个引导者的角色,她往往以充满智慧的老婆婆形象出现,这种形象被荣格称为智者原型。"这位乐善好施的'老妇人'是一著名的象征,她出现在神话或者童话里面,是具有永恒的女性特性的智慧象征。"②智慧老人形象是民间"非凡老人"的原始意象与民间神灵崇拜组合而成的一个新的、更高层次的形象。在民间文学当中,那种具有超自然的聪明才能和神灵般能力的老年人被称为"智慧老人"。

现实生活中,长辈教训晚辈的时候,常常会把"走过的桥比你走过的路多,吃过的盐比你吃过的米多"这句话挂着嘴边。老人的生活经历和社会阅历相较于青年人而言,自然是丰富得多,这就使得老人的形象在人们的心目中占有重要的地位,这样会增强人们内心对老人的崇拜意识,时间长了,这种敬老尊老的意识就会发展为一种集体无意识,潜藏在人们的心灵深

---

① 陶阳、徐纪民、吴绵编:《泰山民间故事大观》,北京:文化艺术出版社,1984年,第34—35页。

② [瑞士]荣格等:《潜意识与心灵成长》,张月译,上海:上海三联书店,2009年,第252页。

处。老人慢慢演变成为民间叙事中"智慧老人"的形象,创造智慧老人形象的目的就是为了创造一个充满正能量的世界。

在民间故事当中,碧霞元君被塑造成为至善至美、无所不能的神灵,她富有正义感和人情味,聪明又善良,能为百姓的利益同邪恶势力作斗争。她以善良的老奶奶的形象走进黎民百姓的生活,具有浓重的世俗性与人民性,这种世俗化的审美特征符合市民阶层的审美趣味和审美心理,充满无限的亲切之感。同时她也在不断宣扬符合礼仪法度的价值标准,使人们能够遵守社会秩序。在当今社会中,"善"的人文价值起着至关重要的作用,我们应该把"向善""从善"化为积极的道德行动。与人为善、劝人为善是泰山奶奶信仰所提倡的,也是信众应该做到的。"如在《灵应泰山娘娘宝卷》中有'灵验'一例:沧州有一位妇人'手举明香,哀告泰山顶上娘娘','有小人,诬陷我,败坏门风','顶上娘娘显神通,与我弟子作证明',将其冤屈告白于泰山娘娘,最终谗言者'该现果报'、'久后折子害孙,自败门风',这就是恶有恶报的现实结果。"[1]

在古代,人们就认为人要想安家立命、养育子孙,除了要依靠能力之外,还要行善积德,然后才能天地赐福,身体健康,家门昌盛,子孙逢吉。泰山奶奶的信仰使人们相信"善有善报,恶有恶报",使人们获得一种心理上的满足感和平衡感,有利于树立对生活的信心,形成乐于助人、行善的社会良风美俗。善恶是道德评价的基本尺度,善恶观念的出现是人类对于自我认知

① 刘慧:《泰山信仰与中国社会》,上海:上海人民出版社,2011年,第412页。

和社会认知的一种理性化的反映,是人们对社会生活和个人生活有序化追求的体现。我们对人应该有和善之义,《管子·心术下》中写道:"善气迎人,亲如弟兄;恶气迎人,害于戈兵。"因此以向善之心待人是为人之根本。韩东屏在《最大的价值观念:何为至善》①中提出了9种至善观,第5种道德主义至善观是应该大力提倡的,其中提到了民间那些把帮助他人视为自己终生追求的利他主义者,是值得提倡的,也是泰山奶奶的真实写照。泰山奶奶信仰是一种民间信仰,使人向善一直是民间信仰不可偏离的维度,只有始终坚持向善的维度,才能达到"至善"的层面,使个人价值与社会价值实现和谐统一。"最高的美乃是与善相结合、相统一的美,而最高的善亦然。道德高尚必须伴有美好的感情,美好的感情也不能缺少道德的高尚。"②碧霞元君凭借其独特的文化特质,使人们获得一份心理上的安全感,使人们的心灵得到慰藉,精神上得到依靠,最终获得文化上的归属感。

(三)婚育与中国传统家庭观念

中国传统社会以"孝"为本,"不孝有三,无后为大"的观念刻印在中国人的心中,儒家思想对人们的影响深远,因而祈求子嗣,能够生儿育女、传宗接代是每个家庭的头等大事。经过道教改造之后的泰山女神为了满足广大妇女的生子愿望,更适

---

① 韩东屏:《最大的价值观念:何为至善》,《当代中国价值观研究》2006年第1期。

② [德]康德:《论优美感和崇高感》,何兆武译,北京:商务印书馆,2001年,第11页。

应民间对于母神崇拜的心理诉求,送生保育成为碧霞元君的首要职责。在中国人的传统观念中,生育之事是人伦大事,祭拜祈求女性神灵的保佑,能够多子多福是中国人的普遍心理,这一功能是男性神灵所不具备的,因而碧霞元君的信众人数逐渐增加并超越东岳大帝信众了。碧霞元君是源于民间的神灵,人们之所以这样崇拜她,是因为相信她能够保佑众生。传说她能够扶危济困、慈佑众生,为民消灾解难,奇迹屡彰。中国的女神在历史发展的长河中都是由单一的功能开始向多功能发展,一般都是拥有多种能力的。

泰山奶奶的主要职责就是主生送子,这与中国传统的孝文化观念不谋而合。中国历来推行孝文化,孝文化在汉代得到了极大的推崇,在全社会形成崇母的风尚。孝文化的推行有利于小家庭的稳固和社会的和谐,因此孝文化被尊奉为社会的美德。子曰:"夫孝,德之本也,教之所由生也。"[1]"不孝"被列为五刑中最残酷的一种罪过,"五刑之属三千,而罪莫大于不孝。要君者无上,非圣人者无法,非孝者无亲。此大乱之道也"[2]。碧霞元君有慈母般的胸怀,称她为泰山奶奶,本来就是尊敬之意,也与中国传统的孝敬长者观念相契合。普通百姓已经把泰山奶奶看成家庭成员之一,如同自己的长辈一样,地位极其尊贵。儒家思想提倡"男尊女卑""三纲五常",这些封建思想是男性压迫女性的工具,就是在这种男性主导的社会环境之中,祖母凭借其老年身份和在家庭伦理关系中的特殊地位而在男权社会

---

① 汪受宽:《孝经译注》,上海:上海古籍出版社,2007年,第1页。

② 汪受宽:《孝经译注》,上海:上海古籍出版社,2007年,第55页。

中获得一席之地。当女性进入老年阶段，从思想意识和经历方面来讲，这时候的女性才是最完整、最典型的女人。

现在的老龄化问题越来越严重，尤其许多家庭都是独生子女，从小娇生惯养的孩子对长辈越来越不尊敬，因此老龄化视域下的养老问题应该成为我们关注的焦点。汉代提倡"孝治"的思想，弘扬孝道文化的同时还将"行孝"和"察举孝廉"作为官员考核的标准，形成了崇母尊母的社会风气，也保障了母亲的权利和地位。汉代提倡"以孝治天下"，从皇帝到黎民百姓，人们都会大兴土木厚葬母亲，体现了儿女对母亲的崇敬之情及自己对母亲的眷恋之情。"百善孝为先"，孝道作为中华民族最基本的道德行为准则，至今影响深远。

在《灵应泰山娘娘宝卷》中也有劝人孝顺的记载："劝大众，一个个，答本实心。不忘了，咱父母，养育之恩。父母恩，重如山，杀身难报。敬了父，孝了母，再怕何人。"①这种对民众的情感教化，具有很强的自觉接受性，有利于孝道的弘扬。碧霞元君作为道教的女神，其教义很多都是受到道教的影响，道教也是强调"忠孝"的思想，在《抱朴子·内篇·对俗》中记载："欲求仙者，要当以忠孝和顺仁信为本。若德行不修，而但务方术，皆不得长生也。"②道教将孝道纳入信仰的范畴，把忠孝思想作为学道的根本，加强孝文化的宣传。人们对于碧霞元君的崇拜承载

---

① 刘慧：《泰山信仰与中国社会》，上海：上海人民出版社，2011年，第412页。

② 〔东晋〕葛洪：《抱朴子·内篇》，北京：北京燕山出版社，1995年，第56页。

着中华民族的优良文化传统,这也是碧霞元君信仰能够在民间长盛不衰的原因,她与中国的伦理观念相吻合,能够起到教化民众的作用,承载着民族的文化归属感,因此我们应该正确对待碧霞元君的信仰问题。

(四)官方与民间的信仰观念

碧霞元君的形象与中华民族的传统文化息息相关,成为历朝历代统治者利用的重要的文化资源,得到了官方的推崇。虽然是民间百姓造就的神灵形象,但是一直以来受到官方的重视,成为官方稳定其统治的有力工具,能够起到稳定民心的作用。同时民间更愿意信奉女性神灵,这也是中国各地都存在娘娘庙的原因。民间认为女性并不比男性能力弱,这也是民间对束缚自身礼教的反抗,因此女性神灵的香火一直很旺盛,民众对碧霞元君的信仰使他们能够获得心灵上的慰藉,增强战胜困难的勇气和信心。碧霞元君一直以来都是依附于东岳大帝,这与儒家伦理道德强调的"男尊女卑"的观念有关,东岳大帝作为高高在上的男性神灵,是父权的代表。

进入父权社会以后,甚至提出了女性弱智论,例如"唯女子与小人为难养也""女子无才便是德",同时还有女性依附论,例如"幼从父兄,嫁从夫,夫死从子"。在宗庙祭祀上,庙名、神主都是男性祖先的,女性祖先只是处于配食、配享的从属地位。东岳大帝一直以来都是泰山的主神,也是受到官方祭祀的神灵,碧霞元君虽然香火旺盛,但是一直属于民间祭祀,官方并没有正式承认她的地位,这也与男尊女卑的社会主流思想相吻合。但是因为她的信众之多,影响广泛,获得很多皇帝的敬拜,香火一直很旺盛，信仰观念并没有与官方发生冲突，因此一直在北方女神中有着重要地位。碧霞元君的形象为统治阶级所接受，是因为后者重视其伦理教化与祛病延年的功能，而且对于统治者来说，有利于稳固政权，她的发展得益于统治阶级的大力扶持，不断为碧霞元君立神像，修庙立碑，用来祈求国泰民安，国家昌盛。

统治阶级历来提倡忠君孝亲，宣扬伦理道德教化，人们对碧霞元君的信仰有利于维护社会的稳定，保证正常的生活秩序。官方不反对民众对于碧霞元君的信仰，对于下层民众来说，能够获得情感上的认同，这种民间信仰能够成为民众生活的情感支柱，对凝聚人心、维持正常的社会风尚起着重要的作用。在明代《灵应泰山娘娘宝卷》中有这样的说法：泰山娘娘"镇泰山，无偏比，不论愚贤。不论男，不论女，不论贫富。不论贵，不论贱，一例相看"[①]。任何人在泰山娘娘面前没有高低贵贱之分，是一律平等的，这样会使信众获得心理上的慰藉，也有利于社会的稳定。碧霞元君作为信众数众多的女神，受到了国家与民间的双重祭祀与膜拜，统治阶级重视敬神与治民的关系，想要通过神灵来对百姓的精神进行控制，达到专制统治的目的。"古者神人杂处，而民用惑，故圣王之制，先成民而后致力于神，敬神所以治民也。"[②]碧霞元君信仰有利于官方对百姓的控制，维护正统的统治秩序。

---

① 张希舜等编：《宝卷初集》（第十三册），太原：山西人民出版社，1994年，第31—32页。

② 董政华纂修：《民国阳谷县志》，台北：成文出版社，1968年，第172页。

泰山娘娘受到社会各阶层的一致膜拜,带来了香税活动的繁盛,征收香税也成为政府财政收入的重要组成部分。征收香税除了增加财政收入,同时也促进了庙会的发展,庙会聚集了大量的人群,促进了农业、手工业以及商业的发展。明初强调泰山神东岳大帝是官方祭祀之神,具有官方色彩,而非百姓可以祭祀,为碧霞元君信仰在民间的繁盛提供了契机。碧霞元君形象的广泛传播,得益于人们普遍的求助心理。在《玉女卷》中有记载:"父严而母慈,胞孕乳哺出于母,而其出之者母不自知也;天尊而地亲,五材百货产于地,而其产之者地不自明之,所谓神也。"[1]在中国传统的父严母慈的文化氛围之中,碧霞元君是女性的代表,被认为是慈善贤良能够孕育万物之人,更容易深入人心。

因为父权文化的影响,官方力推东岳大帝,但是女神信仰在民间却悄悄产生。在中国众多的民间传说和神话故事中,形成了一种常见的现象:当男性主人公遇到危难之时,往往是一位富有智慧的女性神灵来进行搭救,这也与中国民间的女神崇拜观念有着密切的联系。观世音菩萨是中国民间普遍信仰的神灵,起源于印度佛教,但是在传入中国之后经过民间的改造,由男性神灵变成了大慈大悲、救苦救难的女性。

对观音形象重要的描写就是在《西游记》中,观音菩萨可以说是师徒四人西天取经的保护者,每当他们在西行的路上遇到任何艰难险阻,观音菩萨都会成为他们的智慧导师,发挥自己的神力帮助他们渡过苦海。在这样一部男人占主导的作品当

---

① 范恩君:《论碧霞元君信仰》,《中国道教》1995年第2期。

中,却有这样一位女性神灵来当引导者,这与民间女性的神灵崇拜相吻合,在民间观念中,女性神灵往往是救灾除恶、扶危济困的女英雄。除了观音菩萨之外,帮助黄帝打败蚩尤的九天玄女也常常扮演拯救者的角色,帮助处于困境中的英雄。《大宋宣和遗事》《水浒传》中都记载了九天玄女授予宋江天书,让他替天行道、保国安民的故事。在中国传统观念当中,女性一直是弱势群体,但九天玄女是一位战神,在战争中给予男性英雄以救助,这种对女性神灵的崇拜与远古时代母系氏族社会的女性崇拜意识有关。

中国神话中的女性神灵在民间社会能够得到广泛的认可,主要是因为她们常常以拯救者的身份出现,扮演了"救世女神"的角色。除了对女性神灵的崇拜之外,中国的文学作品也不断塑造各种女英雄形象,例如《木兰诗》中的花木兰,《杨家府演义》中的佘太君、穆桂英,《说唐三传》中的樊梨花。这些女性都是英姿飒爽、英勇善战的女英雄,可以说男性也未必是她们的对手,这些女性的智慧在民间广为流传。虽然官方宣扬男权至上,女性处于附属的地位,但碧霞元君的香火依然兴盛。民间信仰中的碧霞元君以子嗣之神、家族之神和护国之神来庇护天下民众,其神格经历了从青年女性向中老年女性、从浪漫的女仙到救世女神的巨大转变。她的能力超越凡人,神秘感和人为改造的痕迹突出,体现了"神人相通"的传统观念,她所具有的善良、慈爱和宽容的性格更容易贴近乡村和百姓,拉近了其与人们之间的距离。

中国作为农业大国,老百姓占据着很大的比例,人们的各种生活事宜都与神灵信仰密切相关,所以神灵信仰的群众基础这么广泛就不足为奇了。泰山奶奶作为老百姓祈求心灵安慰的精神偶像,人们为了追求心灵的安静与精神的寄托而一直信奉她,同时也重视泰山奶奶能够给他们带来实际的庇护和利益。

运河与德州区域社会

于 波

　　对于古代中国而言,大运河可谓是最伟大的工程之一,具有政治功能、经济功能、文化功能,影响着整个中国社会的各个方面。大运河自隋朝修建伊始流经德州地区,并为德州社会带来了诸多有利条件,德州社会的经济、文化等方面均有不同程度的发展。明清时期,德州凭借地理位置优势一度成为运河上的重要码头,经济、文化状况达到古代社会顶峰。但是伴随着运河受阻、漕运衰落,德州社会的经济、文化发展速度也日渐放缓。运河是造成这一变化的主要因素之一。探究运河与德州社会发展的关系是本文的出发点,并从中吸取宝贵的历史经验。

一、运河德州段简介

　　运河是用以沟通地区或水域间的人工水道。战国时期,各诸侯国就已开始修筑运河用于兵马、粮草的运输。吴王阖闾为了征伐楚国修筑了第一条人工运河,史称胥河(开凿于公元前506年)。胥河全长31千米,是中国最早的人工运河。另有邗沟、灵渠等多条中国古代运河。其中吴国修建邗沟(开凿于公元前486年),南起扬州以南的长江,北至淮安以北的淮河,沟通了长江与淮河水系,全长197千米。灵渠于秦朝修建(开凿于公元前219年),将湘江源头与漓江源头相连,沟通了长江、珠江水源,全长约41千米。最初的人工运河距离较短,且多是为了满足军事所需,只起到有限的交流作用。随着政治形势的演变,出现了秦汉统一王朝。秦汉时期,王朝的政治、经济中心延续着以往的传统集中于北方的黄河流域。北方物产足够供给王朝的官僚队伍与军队日常开支,不需要求助于江淮地区。公元4世纪"永嘉之乱",中原士民多避乱南渡。大规模的人口迁移对江南地区的开发意义重大,经济得以发展。

时空变幻,中国历史上迎来了第二次大一统时期,即隋唐时期。长安地区人口密集,但是粮食产量却远不如江淮地区。因此一条贯穿南北的隋唐运河也就应运而生,南北物产、文化得以沟通。隋唐大运河,开凿于大业元年至六年(605—610),以洛阳为中心,北至涿郡(今北京)、南达余杭(今杭州),全长2700千米。蒙古南下后,选择定都今北京地区,为了保证京师及周围各省军队的粮食供给,一条在以往基础上修建的京杭大运河随之兴起。元朝采用"裁弯取直"的方法,利用隋唐运河旧有河段,重新贯通运河。至元十八年(1281)开济州河,从任城至须城安山,长75千米;至元二十六年(1289)开会通河,从安山西南开渠,由寿张西北至临清,长125千米;至元二十九年

(1292)开通惠河,引京西昌平诸水入大都城,东出至通州入白河,长25千米。最终形成现今的京杭大运河概况。

运河德州段在隋朝称为永济渠,后世更名为御河。永济渠开凿的原因可归至加强统治所需。[①]其一是供给长安地区粮食支出。隋文帝时期已开凿广通渠与山阳渎,以便漕粮运输供长安所需。广通渠是长安至潼关一带的运河,山阳渎的开通则连接了长江、淮河。隋炀帝有鉴于以往经验,开始大规模开凿运河,运河开通以后山东、河南、江浙一带的粮食就可以源源不断运至长安。

其二是提供征伐高句丽军粮所需。高句丽是辽东地区发展已久的地方政权,始建于西汉建昭二年(前37),亡于唐总章元年(668)。高句丽于隋唐时期以前达到鼎盛,严重威胁中原王朝边疆安全。隋文帝在位时就已对高句丽政权进行征讨,派遣汉王杨谅攻打高句丽,史书记:"汉王谅为元帅,总水陆讨之,下诏黜其爵位。时馈运不继,六军乏食,师出临渝关,复遇疾疫,王师不振。及次辽水,元亦惶惧,遣使谢罪,上表称'辽东粪土臣元'云云。"[②]但是由于军粮缺乏,造成此次出师损失重大。为解决此问题,隋炀帝将运河终点选择在北方涿郡。永济渠修通以后,隋炀帝自江都出发到达涿郡,而后下诏曰:"武有七德,先之以安民;政有六本,兴之以教义。高丽高元,亏失藩礼,将

---

① 以往多有一种说法是隋炀帝修建运河是为了巡幸江都,此说恐怕较为浅显。

② 〔唐〕魏征等:《隋书》卷81《高丽传》,北京:中华书局,1973年,第1816页。

欲问罪辽左,恢宣胜略。虽怀伐国,仍事省方。今往涿郡,巡抚民俗。其河北诸郡及山西、山东年九十已上者,版授太守,八十者授县令。"①

鉴于以上原因,隋炀帝开始征发民力,开凿运河。先是开凿通济渠,"发河南诸郡男女百余万,开通济渠,自西苑引谷、洛水达于河,自板渚引河通于淮"②。后开凿永济渠,"诏发河北诸郡男女百余万开永济渠,引沁水,南达于河,北通涿郡"③。

随着运河开通,德州的政治、经济中心开始发生变化,逐渐西移。这一变化于明清时期较为明显。隋唐时期,运河德州段上接临清、永济等县,经过德州地区长河县。④长河本为汉朝广川郡地,人口比较集中。永济渠在县西10里的位置,即从今天德州经济开发区董子园景区穿过。宋朝时期,运河位置有所偏移,乾隆《德州志》记载:"御河在宋时,河西有县有民,河东无县无民,张商英请培御河西堤而开东堤之积,河略移向东。"⑤金朝统治北方时期,德州地理位置开始突显,金政权于天会七年(1129)于德州西侧将陵县设立将陵仓,《金史》载:"凡诸路濒河

---

① 〔唐〕魏征等:《隋书》卷3《隋炀帝本纪》上,北京:中华书局,1973年,第75—76页。

② 〔唐〕魏征等:《隋书》卷3《隋炀帝本纪》上,北京:中华书局,1973年,第63页。

③ 〔唐〕魏征等:《隋书》卷3《隋炀帝本纪》上,北京:中华书局,1973年,第70页。

④ 参见〔唐〕李吉甫撰、贺次君点校:《元和郡县图志》,北京:中华书局,1983年,第463—496页。

⑤ 〔清〕王道亨修、〔清〕张庆源纂:乾隆《德州志》卷3《河渠》,载《中国地方志集成·山东府县志籍》,南京:凤凰出版社,2004年,第81—82页。

之城,则置仓以贮傍郡之税,若恩州之临清、历亭,景州之将陵、东光,清州之兴济、会川,献州及深州之武强,是六州诸县皆置仓之地也。"①元朝时期,会通河等河段修建完成,将陵县的位置更加重要,于宪宗二年(1252)升将陵县为陵州,运河沿线经济作用开始显现。为适应运河德州段带来的影响及德州西侧的发展趋势,明朝时期,德州有一次行政区域的调整,史称"德陵互易"。明洪武七年(1374),废除陵县置,归德州管辖(今陵城区);同时废除安德县置,并把德州治所移到陵县废城(今德城区),政治中心与经济中心得以匹配。因此明朝以来的德州变得格外繁华,四方商旅、官僚、百姓云集至此。

　　运河的开通促使德州政治、经济中心发生变化。与此同时,德州城的扩张也促使运河德州段河道变迁。为了保护德州城及城中百姓安全,明清两朝四次将运河德州段西移。乾隆《德州志》载:"自明以至于今,西移者四:洪武三十年,裁河湾而筑城,一西徙也;万历四十年修城,自大西门外至回龙坝另开新河,而耿家湾大、小竹竿巷出河东,二西徙也;雍正十二年,绕小西关西开引河,而慈氏寺、颂德亭皆出河东,三西徙也;乾隆二十八年,绕上马头西另开引河,而张家嘴出河东,四西徙也。四经西徙,皆为护城而设。因而御河以东废河遗迹多矣。"②经此四徙,运河德州段流经今德州城区西侧的杨家圈、北厂一带,由

---

　　①〔元〕脱脱等:《金史》卷27《河渠志》,北京:中华书局,1975年,第682页。

　　②〔清〕王道亨修、〔清〕张庆源纂:乾隆《德州志》卷3《河渠》,载《中国地方志集成·山东府县志籍》,南京:凤凰出版社,2004年,第81—82页。

四女寺村至吴桥县,并形成"九望德州"①的独特景观。关于清朝时期的两次转移,史书中记载较为详细。

民国《德县志》记:"清雍正十二年,因河水东□逼城太近,及自皇殿南筑坝遏塞旧道,不令东折绕小西关,挑引河二百六十五丈,引水从小西关外东北流至小锅市,南接合旧流,自皇殿至小锅市遂为废河","乾隆二十八年,因皇殿河险又在上码头筑坝遏旧道于三里庄,挑引河四百九十五丈至浮桥口接合旧流,自上码头北至皇殿又为废河矣"。②通过两次人工开挖河道,使得运河德州段西移至现今位置,并且远离德州城区。其主要目的是为了减少水患危害,旧运河河道距离古德州城小西门仅数步之遥。

运河德州段线路变化,其所引水源也略有不同。史书记载:"永济渠阔一百七十尺,深两丈四尺。南自汲郡引清、淇二水东北入白沟,穿此县(永济县)入临清。汉武帝时,河(黄河)决馆陶,分为屯氏河,东北经贝州、冀州而入渤海,此渠盖屯氏古渎,隋氏修之,因名永济。"③永济渠借黄河故道(屯氏河)修建而成。明清时期,运河德州段名为卫运河,其水源出自卫河。史料记载:"源出河南卫辉府,辉县百泉引淇、洹二水,东北经馆

---

① 形容南运河德州段具有典型的"九曲十八弯"的龙形走势。河道有"三弯顶一闸"的说法,德州修建人工弯道的另一个目的是放缓水流速度,起到防洪的作用。

② 李树德等编:民国《德县志》卷3《河渠》,载《中国地方志集成·山东府县志籍》,南京:凤凰出版社,2004年,第94页。

③ 〔唐〕李吉甫撰、贺次君点校:《元和郡县图志》,北京:中华书局,1983年,第463页。

陶至临清与汶上合,北过夏津、武城县界入本境(恩县),起白马庙至四女树七十里北注直沽入海,即漕运河也","漳水在漳南县北四十六里,按郡志,漳河源出山西,一出长子县曰浊漳,一出乐平县曰清漳,俱经河南临漳县,合流至馆陶入卫与漕渠合"。①综上而言,运河德州段修建最初借助屯氏河故道,引清、淇二水以济运河,后引卫河与漳河合流之水成为运河德州段主要水源。

二、运河与德州区域社会

运河的开通与德州区域社会的关系,可以从两个角度进行探讨:一是运河德州段带来的利处,二是运河德州段带来的弊端及治理问题。

(一)运河德州段带来的利处

运河德州段的贯通为德州社会发展带来了诸多利处,例如地理位置更加优越等,其最大的利处是带动德州社会经济发展,并且进一步引发德州社会的文化变迁。

运河德州段贯通使得德州地理位置变得优越。隋唐时期的德州只是运河沿岸的普通城市,明清时期的德州已经发展成为北上京津地区的水陆交通要冲,水路、陆路均过德州。明朝初年,德州城地理位置优越,军事作用突显。朱允炆为抵抗燕王朱棣的兵马,命李景隆于德州合兵50万攻打燕王。兵败以后,其都督韩观修建"十二连城"以保卫漕粮,屯兵防御。天下

---

① 〔清〕汪鸿孙等编:宣统《恩县志》卷2《山川》,载《中国地方志集成·山东府县志籍》,南京:凤凰出版社,2004年,第22—23页。

安定以后,德州城凭借其优越的地理位置,逐渐成为人口密集的商业城市,这与运河德州段的贯通有密切联系。

运河德州段贯通改变了德州的自然环境,包括水资源、土资源及自然景观。以往德州地区受到黄河泛滥影响,地下水盐碱化严重,因此运河之水也成为日常用水的水源之一。近代军阀混战时期,奉系军阀于此修建水库,作为饮用水。1953年,德州市自来水公司第一水厂建立于此,德州百姓使用上了自来水,水源取自运河。运河开通以后,水流中的泥沙于运河两岸沉积,细密的泥土虽然不利于农业的发展,但是带来了工艺品的春天。现今的德州黑陶工艺品,选用京杭大运河两岸特有的红胶泥作为原料烧制而成,具有"乌金墨玉"之感,龙山文化的黑陶工艺得以复活。除水、土改变之外,运河两岸形成了美丽的自然景观。无数文人墨客经过德州,留下了对运河两岸景色的赞美。嘉靖《德州志》中最早出现了关于德州十景的概括:方山暮雪、剑冢秋风、九河流息、八里荒塘、古堤芳草、漳水轻帆、书台夕照、梵语晨钟、空营夜月和高海朝烟。①

运河德州段贯通改变了德州的交通情况,航运得以发展。1910年津浦铁路通车后,德州码头逐渐发展为德州港。德州港位于运河东岸,津浦铁路以西,由港口、码头和货场组成。明清时期,运河德州段的漕运、货运繁盛一时。明人留下的《卫河舟中》一诗中有"漕舟返从北,牵挽何匆忙"的描写,运河漕运繁忙

---

① 〔明〕郑瀛修、〔明〕何洪纂:嘉靖《德州志》,《天一阁藏明代方志选刊续编》第57册,上海:上海书店,1990年,第437—443页。

的景象可见一斑。①漕运受阻以后，运河德州段仍然具有运输能力，货运、客运均有所发展。据卫运河航运局历年货运统计表记载，自1952年至1979年，货运量为86,505万吨，年平均3200余万吨，周转量为124,831万吨公里，年平均445,803万吨公里。运输情况以1965年枯水年为界，分两个阶段，即1952年至1965年（共14年）是逐年发展阶段，1966年至1979年（共14年）是逐年衰退阶段，发展阶段运输量为714万吨，年平均51万吨，货物周转量为101,745万吨公里，年平均7267.5万吨公里；衰退阶段运输量为151.5吨，年平均10.8万吨，周转量为23,086万吨公里，年平均为1643万吨公里。②

新中国成立后，德州港基本上没有开展客运业务，只有几次均是因雨水冲毁公路而奉命进行了代客运输。1957年7月21日，德州至临清的公路被雨水冲毁，临清航运办事处开办了几趟临清至德州的代客业务。1958年7月24日，因同样原因，德州港开办了德州至临清的货驳载客业务。1961年1月24日至2月14日，为保证春节期间旅客的旅程畅通，德州港开办了德州至临清的班轮客运。③

运河德州段开通带动了德州的经济发展。德州在明清时期进入社会发展的顶峰，有"九达天衢、神京门户"之称。漕运制度、赋役结构、衙门数量、驻军数量等多方面因素相互融合，

---

① 参见李树德等编：民国《德县志》卷16《艺文》，载《中国地方志集成·山东府县志籍》，南京：凤凰出版社，2004年，第479—489页。

②③ 参见卜锡华：《远去的运河德州港（上）》，德州新闻网，2011年5月25日，http://www.dezhoudaily.com/dzsz281/p/237271.html。

共同促进德州的经济繁荣。其中漕运是各因素联结的关键。

明清两朝在漕运制度上有详细规定。《明史·食货三》中记："历代以来,漕粟所都,给官府廪食,各视道里远近以为准。太祖都金陵,四方贡赋,由江以达京师,道近而易。自成祖迁燕,道里辽远,法凡三变。初支运,次兑运、支运相参,至支运悉变为长运而制定。"①明朝建都之初,运输距离较短,漕运没有太大压力。明成祖定都北京以后运输方法先后变化三次,即支运、兑运、长运。

支运,即一种民运为主的方式。民运至淮安仓,然后再由官军分段运输。史料云:"时淮、徐、临清、德州各有仓。江西、湖广、浙江民运粮至淮安仓,分遣官军就近转运。自淮至徐以浙、直军,自徐至德以京卫军,自德至通以山东、河南军。以次递运,岁凡四次,可三百万余石,名曰支运。"②

兑运,简单而言就是以官军运输为主,百姓缴纳部分钱粮用作运输费用。兑运法较为灵活,百姓亦可以自主选择是否兑运。同书中记:"吏部蹇义等上官军兑运民粮加耗则例,以地远近为差。每石,湖广八斗,江西、浙江七斗,南直隶六斗,北直隶五斗。民有运至淮安兑与军运者,止加四斗。如有兑运不尽,仍令民自运赴诸仓,不愿兑者,亦听其自运。军既加耗,又给轻赍银为洪闸盘拨之费,且得附载他物,皆乐从事,而民亦多以远

---

① 〔清〕张廷玉等:《明史》卷79《食货三》,北京:中华书局,1974年,第1915页。

② 〔清〕张廷玉等:《明史》卷79《食货三》,北京:中华书局,1974年,第1916页。

运为艰,于是兑运者多,而支运者少矣。"①

长运,又为改兑,即全部由官军运输,百姓只负责缴纳费用。史料云:"至成化七年,乃有改兑之议。时应天巡抚滕昭令运军赴江南水次交兑,加耗外,复石增米一斗为渡江费。后数年,帝乃命淮、徐、临、德四仓支运七十万石之米,悉改水次交兑。由是悉变为改兑,而官军长运遂为定制。"②

此为《明史》中提到的三种运法,每年运粮总量约400万石。但在张居正改革赋税制度施行"一条鞭法"以后,粮食多折银征收,"万历三十年,漕运抵京,仅百三十八万余石"③。总体而言,其制度经历了由民运为主,向军民合作,到军运为主的过渡。④

清朝沿用明朝漕运制度,《清史稿·食货三》中载:"清初,漕政仍明制,用屯丁长运。长运者,令瓜、淮兑运军船往各州县水次领兑民,加过江脚耗,视远近为差;而淮、徐、临、德四仓仍系民运交仓者,并兑运军船,所谓改兑者也。"⑤

明朝时期运法经历了从支运、兑运到长运的变化,运法的变化对运河沿线水次仓(漕粮中转站)的设置、演变产生了重大

① 〔清〕张廷玉等:《明史》卷79《食货三》,北京:中华书局,1974年,第1917页。

② 〔清〕张廷玉等:《明史》卷79《食货三》,北京:中华书局,1974年,第1918页。

③ 〔清〕张廷玉等:《明史》卷79《食货三》,北京:中华书局,1974年,第1921页。

④ 胡克诚:《明代漕运监兑官制初探》,《古代文明》2016年第2期。

⑤ 赵尔巽等:《清史稿》卷122《食货三》,北京:中华书局,1977年,第3565页。

影响,进而影响相关沿岸城市的发展。明朝时期,共设5所水次仓,即淮安仓、徐州仓、临清仓、德州仓、天津仓。清朝时期,共设7所水次仓,即德州仓、临清仓、淮安仓、徐州仓、江宁仓与两所凤阳仓。明清两朝,德州都是运河上重要的仓储中心。为了保护漕粮,清朝时期原本在城外的德州仓也移至城内。

支运法使用期间,水次仓发挥了巨大作用,其中德州仓容量可能为水次仓之最。明永乐十三年(1415),明朝于原陵州仓旧址基础上建广积仓,又名水次仓,由户部储粮分司管辖。南方各省漕粮沿运河北上,并且接力运输,德州水次仓需要容纳淮安仓北运粮食,外加徐州仓、临清仓及德州仓附近州县粮食。史料记载,宣德年间,淮安仓漕粮150万石、徐州仓漕粮274万石、临清仓220万石,而后政府下诏临清仓由官军接入京、通二仓。据此而言,运河上来往漕粮每年约644万石,由于临清仓漕粮不在德州仓停留,德州仓的大致吞吐量每年约400万石。

宣德六年(1431),改行兑运法,"令民运至淮安、瓜洲兑与卫所。官军运载至北,给与路费耗米,则军民两便"①。漕粮总数仍是400余万石,入京仓十分之四,通仓十分之六,算上加耗之数,总运输量可能达到600余万石。此时漕粮已经不需要在德州仓转接,故实际粮食储量下降。正统二年(1437),存粮50万石。成化七年(1471),长运法实行,淮安、徐州、临清、德州原支运的70万石粮食全部在水次交兑,德州仓只接收附近州县税粮十九万余石。万历年间,德州仓仅余八万石。崇祯年间,

---

① 〔清〕张廷玉等:《明史》卷79《食货三》,北京:中华书局,1974年,第1917页。

德州仓存粮只有两万余石。①

　　清朝时期,德州仓于顺治十一年(1654)得以复建。此时德州仓的复建是为了适应清初天下未定的局面,以便存储军粮。清中后期,天下已定,各地税粮部分折银征收。例如,嘉庆时期德州仓"额征米一万七千四百十五石有奇,银六万五千两百九十六两有奇"②,仓储量大不如前。然而,曾经仓储的发展为德州带来巨大人流量,带动了德州城市的发展。

　　除对基本运法做出规定之外,明清两朝对漕船载货与剥船设置亦有详细说明。明朝天顺(明英宗年号)以后,"定船万一千七百七十,官军十二万人。许令载土宜,免征税钞。孝宗时限十石,神宗是至六十石"③。清朝规定:"凡漕船载米,毋得过五百石。正耗米外,例带土宜六十石,雍正七年(1729)加增四十,共为百石,永著为例。"④其后又稍作修改,嘉庆四年(1799)每船多带二十四石。明清两朝允许漕船载货,船员可在漕船停泊之处进行商品贸易,促进了德州地区经济的发展。此处未统计商船载货,如加商船货物,德州商品贸易繁荣可见一斑。

　　① 参见郑民德:《明清京杭运河沿线漕运仓储系统研究》,北京:中国社会科学出版社,2015年,第116—117页。

　　② 郑民德:《明清京杭运河沿线漕运仓储系统研究》,北京:中国社会科学出版社,2015年,第131—136页。

　　③〔清〕张廷玉等:《明史》卷79《食货三》,北京:中华书局,1974年,第1921页。

　　④ 赵尔巽等:《清史稿》卷122《食货三》,北京:中华书局,1977年,第3584页。

清朝规定"漕运抵通及遇浅,皆须用剥船",即通过雇用民船的形式参与漕运,以分担漕船运量。清初,"设红剥船六百艘,每船给田四十顷,收租赡船,免其征科"[①]。虽然政府给予土地增加收入,但是运输过程中盗粮、覆船事件屡屡发生,因此以后渐渐完善此项制度。乾隆二年(1737)规定"每船给红剥银二两,由随帮千总领发,漕船遇浅,由运军自雇民船,坐粮厅酌定雇价"。乾隆十三年(1748)"增设堡船六十艘,造船及用具、夫役工食,均于红剥银内支用,余仍分给运军"[②]。乾隆五十年(1785),"寻议定官备剥船千二百艘,发交附近沿河天津等十八州县收管,如有商货盐斤,许其揽载,四月以后,调赴水次,毋得远离。翌年复添造三百只,交江西、湖广成造,运送天津,与原设剥船在杨村更番备剥。豫、东二省,因水浅阻滞,定造剥船三百艘,交德州、恩县、武城、夏津、临清五州县分管"[③]。以上可知,清朝共有剥船约1800艘,而且运河德州段有300余艘。

伴随运河德州段的开通制定了一整套漕运制度,对德州发展产生重大影响:德州成为运河沿线重要的漕粮转运中心;船只停泊之处,形成商品市场;大量百姓参与漕粮转运工作及商业活动,成为其基本产业,带动了德州地区经济发展。除上述影响之外,漕运的发展还改变了德州的赋役情况、驻军数量与衙门数量,以上因素间接推动了德州社会的经济发展。首先,笔者以浅铺为个案说明德州赋役情况的改变。

浅铺是明清时期京杭运河水利设置与河工组织之一,其主

①②③ 赵尔巽等:《清史稿》卷122《食货三》,北京:中华书局,1977年,第3585—3586页。

要功能在于疏通运河淤浅,保持运道畅通。浅铺需要大量役夫,每铺役夫数量约十人,各铺人数不等。明人王琼在《漕河图志》中记载:直隶德州卫设浅铺八,高官厂浅、四里屯浅、杨乌屯浅、降民屯浅、五里庄浅、圆窝口浅、泊皮口浅、张家湾浅。直隶德州左卫设浅铺二,郑家口浅、小西门浅。直隶恩县设浅铺五,□开浅、回龙庙浅、滕家口浅、高师姑浅、白马庙浅。直隶武城县设浅铺二十六[①]:王家口浅、孟家庄浅、小流口浅、北钓口浅、南钓口浅、西关口浅、初家道口浅、周家道口浅、刘家道口浅、方迁口浅、陈家桥浅、何家堤口浅、陈家林浅、高家圈口浅、大还河口浅、耽家林口浅、湾头口浅、大陇头口浅、白家圈口浅、白陇口浅、吕家道口浅、□家道口浅、□家道口浅、商家道口浅、桑圆口浅。直隶夏津县设浅铺八:黄河口浅、大口子浅、小口子浅、郝家圈口浅、草庙儿浅、新关口浅、裴家圈浅、赵货□口浅。直隶清河县设浅铺八:贾家口浅、黄家口浅、草庙口浅、蒲萄蓬浅、孙家口浅、吴家圈浅、严家口浅、二哥营浅。合计共设 56 个浅铺,保障运河德州段的畅通。浅铺的设置并非一成不变,笔者以成书较晚的嘉靖《德州志》进行考察。嘉靖《德州志》中云:总铺在州治东,另设有遵化铺、界河铺、西王村铺、新安铺、杜村铺、甜水铺、谭家铺、□高铺、新建铺、新□口铺、耿家湾、上八里塘铺、祭张成铺、牛皮口铺、四里屯铺、下八里塘铺。[②]共设浅铺 17 处,就德州一处而言远远多于明初时期,地点也有所变化。另

---

① 原文写"二十六"处,实际为 25 处。

② 参见〔明〕郑瀛修、〔明〕何洪纂:嘉靖《德州志》,《天一阁藏明代方志选刊续编》第 57 册,上海:上海书店,1990 年,第 382—383 页。

外同时期《武城县志》记载共设浅铺29处。①

　　清朝时期,乾隆《德州志》记载,陆路浅铺与沿河浅铺共23处。②陆路有遵化、十二里庄、申家庄、大王庄、钱家屯、界河、俞官屯、十八里寨、谭家铺、黄河涯、岳高铺、西王庄、凉水井、新安、□村、甜水铺。沿河浅铺有新窑口铺、耿家湾、六里铺、牛皮口、四里屯、八里屯、扈家庙。相较于明朝而言,清朝时期德州浅铺的数量有所增加,部分浅铺沿用了下来,部分为新设浅铺。同时通过对乾隆《德州志》的解读可知,浅铺的设置并不都在沿河一带,其他地区也设有浅铺。乾隆《武城县志》中关于浅铺的设置记载如下:"国朝顺治六年志仍用明旧例,东岸始自县之白马庙,南至夏津交界至桑园一百四十里。西岸自南直隶故城交界之郑家口,南至夏津交界之王家庄一百一十里处,铺仍二十九处,今并酌省。现存铺二,曰河前铺,曰新兴铺。"③以上材料说明,清朝初期武城县仍然使用明朝的浅铺设置,清中期开始缩减浅铺数量,合并成河前铺、新兴铺两个浅铺。

　　浅铺的数量可以在一定程度上反映明清时期德州地区的赋役状况,下面以武城县赋役征收情况为例做进一步补充说明。

_____

① 参见〔明〕尤麒修、〔明〕陈露纂:嘉靖《武城县志》,《天一阁藏明代方志选刊》第44册,上海:上海古籍书店,1982年,第31页。

② 参见〔清〕王道亨修、〔清〕张庆源纂:乾隆《德州志》卷4《疆域》,载《中国地方志集成·山东府县志辑》,南京:凤凰出版社,2004年,第99—100页。

③〔清〕骆大俊纂修:乾隆《武城县志》卷6《递铺》,载《中国地方志集成·山东府县志辑》,南京:凤凰出版社,2004年,第280页。

嘉靖《武城县志》记:"按运河一带系一省通行要津,而浅夫重难独编在武城。邑小役繁,民不堪命多矣。廿四年知县丘道明具申抚按会议省编浅夫一百二十名,至二十八年则例始别省□府□县□复省编二十名。而以朝城、夏津二县兑编庶一府重差不专在一县,然拘旧额一时难尽□也。河道水厂一所。按武城境土狭近而卫河乃行乎其间,筑高□□迄无宁□。近来秋雨□漫浸淫,岸□崩塌而西河黑阳山水时复横长,民之生斯,实无聊赖。"①武城县作为运河要津,共设置浅铺29个,浅夫290名,百姓承担力役繁重。因此自丘道明任职以来,省编浅夫140名。同书"赋役"部分所记:"浅铺夫本县运河一百五十名,银六百两。"②

清朝施行与明朝不同的赋役制度。虽然在税制上有所变化,但是从乾隆《武城县志》来看,武城县税收依然繁重。县志共记载赋税有地丁银、历科举人车价银、本色京库地亩棉花绒折银、狐狸皮折银、牛角弓折银、漕运本色正耗米、临清仓本色正耗米、润耗银、润耗米、运军行粮本色正耗米、府库盐钞银、闰月米、临清广济二仓正耗米、临清常盈仓本色小麦、临清常盈仓粟米、学租银、官奉役食银、河道夫食银、驿站里甲夫马银、杂支银等25项(笔者考,书中言共26项,实只记载25项)。其中有关浅铺夫赋役记载如下:"浅铺夫现役本县七十三名,公食银连

————————
　　①〔明〕尤麒修、〔明〕陈露纂:嘉靖《武城县志》,载《天一阁藏明代方志选刊》第44册,上海:上海古籍书店,1982年,第31页。
　　②〔明〕尤麒修、〔明〕陈露纂:嘉靖《武城县志》,载《天一阁藏明代方志选刊》第44册,上海:上海古籍书店,1982年,第15页。

闰捌百伍两陆钱贰分捌厘,桩草银壹百柒拾肆两。浅铺夫停役银壹百叁拾贰两,夏镇河夫连闰银壹拾叁两陆钱肆分。河滩籽粒贷基银壹佰伍拾捌两柒厘捌毫玖丝。"①从史料看,清朝武城县征收的浅铺夫税额要远远高于明朝,而且种类也多于明朝。

综上所述,受运河影响,德州地区于明清时期设置了大量浅铺,并且承担了沉重的赋役。同时承担力役之人也获得一定报酬,脱离农业生产限制,进入商业生产链条,这有助于德州商业经济的发展。

德州驻军数量亦受到运河影响有所增加。明清时期,大量军队驻扎德州,除运粮所需外,亦有保护漕粮的重任。军队的驻扎,使得明清两朝德州城中出现供军士所需的专门市场,促进了德州商业发展。

明朝实行卫所制度。洪武九年(1376),明王朝改德州守御所为德州卫,即为德州设卫的开始。德州卫设有前、后、左、右、中、中左等6个千户所,边军2598名,城操80名,运军500名,屯田309顷74亩。永乐五年(1407),明成祖朱棣在德州已有卫所(后称正卫)的基础上,又增设德州左卫,用以安置靖难之役的将士。左卫仍设前、后、左、右、中、中左等6个千户所,领边军2996名,城操273名,运军501名,屯田397顷63亩。至此,德州拥有正、左两卫,军人数量约7000人。为供给德州军民所需,明初,德州城内就形成以旧四牌坊为中心的米市、羊市、锅市、

①〔清〕骆大俊纂修:乾隆《武城县志》卷3《田赋》,载《中国地方志集成·山东府县志籍》,南京:凤凰出版社,2004年,第258页。

布帛市、牛马市，另外德州城还有鱼市、果市、药市。①永乐九年（1411），治所转移至卫城，为加强对市场的管理，明政府召集商旅分城而治，其中小西关为专门军市。乾隆《德州志》记："南关为民市，为大市。小西关为军市，为小市、为马市，角南为马市。北为羊市。东为米市，又东为柴市。西为锅市，又西为绸缎市。中心角迤北为旧线市，南门外迤西为新线市，盖四方商旅之至者众矣。"②较明初之时，市场类型更加丰富，出现了柴市、绸缎市、新线市，意味着德州的商业地位更加突显。

运河德州段畅通后，明清王朝于德州增设多所衙门。为了方便漕粮的分配，户部等机构于德州设置衙署处理日常事务。其中主要有户部监督分司、户部监兑分司、漕运公馆、济南府兑粮公馆、莱州府通判、山东督粮道等。直到光绪三十一年（1905），山东督粮道才得以撤销。诸多漕运衙门于此行使职责，以监兑为例，清朝规定"凡开兑，监兑官须坐守水次，将正耗、行月、搭运等米，逐船兑足，验明米色纯洁，面交押运官"③。漕运衙门的增设为德州带来了政治影响力与辐射力，为德州增加了往来流动人员，带动了商业经济的发展。

明清时期，德州成为运河沿线重要的城市之一。漕运制度施行以来，德州社会面貌迎来了多方面的变化。运河德州段沿

① 参见〔明〕郑瀛修、〔明〕何洪纂：嘉靖《德州志》，载《天一阁藏明代方志选刊续编》第57册，上海：上海书店，1990年，第328页。

② 〔清〕王道亨修、〔清〕张庆源纂：乾隆《德州志》卷4《市镇》，载《中国地方志集成·山东府县志辑》，南京：凤凰出版社，2004年，第100页。

③ 赵尔巽等：《清史稿》卷122《食货三》，北京：中华书局，1977年，第3577页。

岸设置大量浅铺及夫役,赋役结构得以改变;增加大量军队以保护漕粮,驻军数量得以改变;诸多漕运衙门于此增设,便于漕粮中转,衙门数量得以改变。各方因素为德州社会经济发展提供动力。

除此以外,运河德州段的贯通更是直接带动德州地区经济发展。运河沿岸,市场得以形成。史料记载:"御河西徙浮桥口,立大、小竹竿巷,每周漕船带货发卖,遂成市廛。其他则北乡有柘园镇,南乡有甜水铺,东乡有边临镇、王解、新安、东堂、土桥、王蛮(笔者读)皆有市。"①明朝时期,德州已从军事城镇向商业城市逐渐转型。漕船停泊之处,军民得以停留,四方商人得以云集,货物得以贸易,经济得以发展。大批商旅往来德州,无形中刺激了德州的客栈、商铺、茶楼、酒肆、戏楼等服务性行业的发展,也有助于德州特产的外卖。巨大的人流、物流使德州成为鲁西北和冀东南的商业重镇。永乐年间的德州,就已跻身全国33个商贸重镇之列。

清朝以来,德州商业继续发展。据许檀教授研究,清代德州商业以粮食、棉花、杂货为大宗。粮食、棉花以本地商品的集散为主;杂货行则主要经营纸张、江米、红白糖、锡箔、香烛、海味、火腿、板鸭等,其中大部分经运河而来,并随着运河漕运兴旺了200余年。②

<hr>

① 〔清〕王道亨修、〔清〕张庆源纂:乾隆《德州志》卷4《市镇》,载《中国地方志集成·山东府县志辑》,南京:凤凰出版社,2004年,第100页。

② 参见许檀:《明清时期山东商品经济的发展》,北京:中国社会科学出版社,1998年,第135页。

运河的贯通除为德州带来有形的利处之外，也带来无形的利处，即文化的发展。明清时期的德州从一个传统的农业社会逐渐转向为商业社会。在此背景下，社会文化亦受其影响，其中在饮食习惯、娱乐方式、民间信仰等方面均有所体现。加强对德州文化内涵的深刻认知，有利于推进德州运河文化的保护、传承与利用。

德州饮食文化繁荣，汇聚南北特色。德州作为运河上的重要码头、重要商埠，充斥着官僚、商人、船工、纤夫等各色群体。在此条件下，德州菜系容纳了南方富商"燕翅席"、曲阜"海参三大件"等地方名菜。另外德州菜多以咸、辣、酸为特色，以此来满足广大劳动群众的需求，这样的饮食习惯保留至今。除此以外，许多餐饮老字号保留了下来，成为德州饮食文化繁荣的见证，例如德庆园、庆华园、鸿盛楼等老字号饭庄，以及德州扒鸡等美食。

德州娱乐文化也极其繁荣，出现了木偶戏、花鼓、秧歌、杂技、戏曲等多种娱乐表演方式。其中以戏曲为例，德州戏曲发展长期受到徽剧的影响，并且成为京剧产生的源头之一。

早在乾隆三十二年(1767)，作为京剧前身的徽剧就已传入山东，并和德州的梆子同台演出，逐渐演变出具有山东梆子一样高昂的戏曲腔调。乾隆四十一年(1776)，乾隆皇帝南巡驻跸德州，常年活跃于德州城乡的徽剧社班奉命演出，受到皇帝高度赞赏。乾隆五十五年(1790)，为给乾隆皇帝祝寿，从扬州征调了以著名戏曲艺人高朗亭为台柱的"三庆"徽班入京，成为徽班进京的开始。作为神京门户的德州，不仅为四大徽班必经之路,更成为其进京前休整、排练的中转站。因此德州曲艺文化逐渐繁荣,并享有"中国京剧城"的美誉。[①]

德州民间信仰丰富,下面以水神信仰为视角进行探究。德州在运河未贯通之前,已有禹王传说。尤其是大禹的事迹在德州地区流传甚广,这与古时此区域河道密布有关。大禹治水在很大程度上就是治理黄河。《长河志籍考》记载:"德州,古九河之地,黄河所经,汉县名为安德者,以其德水安澜耳。"[②]大禹治水疏九河:徒骇、太史、马颊、覆䒱、胡苏、简、絜、钩盘、鬲津。其中,徒骇、马颊、胡苏、钩盘、鬲津五河都流经今德州境内。由于治水之功,大禹也由部落首领成为百姓心中的治水之神。据此可以推断禹王信仰是流传于德州地区较早的水神信仰之一,今德州禹城的地名就是来源于大禹治水的故事。

另一水神也早已在此地广泛流传,即龙王。龙王对于中国百姓而言并不陌生,其信众几乎遍及全国,从城市到乡村都有龙王的故事。最晚自魏晋以来,民间就有祭祀龙神的风俗。[③]随后在佛、道文化的推动下,龙神地位逐渐抬升,成为家喻户晓的龙王。乾隆《德州志》中有关于北厂龙王庙的记录,说明龙王信仰于此地流传。运河开通以后,沿岸城市龙王信仰逐渐衍生出治河保漕的功能,尤以济宁汶上分水龙王庙为典型。明人许

① 参见王德胜:《大运河与德州京剧的兴盛》,德州新闻网,2020年4月22日,www.dezhoudaily.com/dzsz 281/p/1502345.html。

② 〔清〕田雯《长河志籍考》,转引自王德胜《大禹治水开启德州黄河文明》,"德州文史"专栏,www.sohu.com/a/454961131_1202205708。

③ 参见胡梦飞:《明清时期山东运河区域民间信仰研究》,北京:社会科学文献出版社,2019年,第118—119页。

彬所作《南旺分水龙王庙碑记略》中提到"通舟楫往来甚便,其上见龙王庙以镇之"[①]。

以上两种水神信仰在德州流传时间较长,而且是农业神灵的典型代表。明清以降,金龙四大王、妈祖信仰沿运河传播而来,并在德州落地生根。

金龙四大王是盛行于整个运河区域的重要水神信仰,其主要职能是治水护堤、保护漕船。明清时期,山东段运河是整个运河之中水利工程最为复杂的河段。自济宁以北,地势逐渐升高,船只北上需要借助水利工程。因此山东段运河水利工程较多,其中尤以济宁南旺分水龙王庙处工程最为典型,故有"水脊"之称。并且山东段运河受季节性河流影响较大,汛期水域较为危险,运河行船面临重重考验。在此情况下,每当水利工程出现问题,负责修筑的官员及工人就会对金龙四大王进行祭祀,以求工程顺利。另外来往于运河之上的船员也会祭祀金龙四大王以祈求平安。因此金龙四大王庙宇在山东运河区域分布广泛。

胡梦飞根据地方志中对金龙四大王庙宇的记载进行统计,山东共有36处之多。[②]其中德州地区共有4处金龙四大王庙,分别在旧小西门、北厂、夏津县渡口驿、武城县西外河。旧小西门与北厂处金龙四大王庙修建略早,分别修建于明嘉靖时期、

---

① 〔明〕栗可士:万历《汶上县志》,载《中国地方志集成·山东府县志辑》,南京:凤凰出版社,2004年,第222页。

② 参见胡梦飞:《明清时期山东地区的金龙四大王信仰》,《山东青年政治学院学报》2016年第3期。

清顺治七年(1650),夏津县金龙四大王庙修建于康熙五十四年(1715),武城县金龙四大王庙修建时间不详。

关于小西门金龙四大王庙的修建,乾隆《德州志》中载有明人马久德撰《建河神庙碑记》,碑文如下:

> 吾郡城枕长河,为水陆都会,其城西门外有河神庙一区,背城面流。相传嘉靖间,兵宪平凉浚谷赵公弭节(驻节)之明年谓:'是河,南通淮越,北达燕冀,固冲剧之要津也,乃无庙以祀水神,于典为缺。'遂卜地于兹,营土度木,创建庙宇,以示神有所归。于是,祠宇壮丽,跨有一方。东堂四楹,中塑金龙四大王像,为陵寝;南有翼室亦四楹,为守庙者所居。地势平衍,胜压堪舆,且又不与民庐连甍接栋,真水府清绝境也。[①]

从碑文中可知,德州地理位置优越,为水陆交通要道。运河起着沟通南北的重要作用,但缺少河神用于祭祀。于是修建河神庙,供奉金龙四大王神像。

关于北厂金龙四大王庙宇修建情况见于张祥河《重修德州金龙四大王庙碑记》。碑文内容如下:

> 盖庙基即马氏之池塘,因神兆而喜舍者也。王之功在河漕,历数百年,人咸钦其灵异,慑其灵威,感其灵佑呵护,

---

① 〔清〕王道亨修、〔清〕张庆源纂:乾隆《德州志》卷12《艺文》,载《中国地方志集成·山东府县志籍》,南京:凤凰出版社,2004年,第368页。

而或未知王之平生，则纪载者阙如。……至我朝顺治、康熙间，叠奉敕封显佑通济昭灵效顺金龙四大王，载在祀典。余督漕山左，每岁冬送军船出临闸，守冻则拜神于临清庙中，而闸外北厂之庙，间一展谒。道光十五年(1835)春，谋于德卫备弁等重加修葺，自五月鸠工至闰六月告，立石纪事，综神平生，俾妇孺咸知。神之生而为儒、为忠臣，死而有功德于民。至我德州一隅，则固日在庇荫之下，有徼神之福历久弗渝者也。①

张祥河时任山东督粮道佥事，任职期间在北厂修建神庙。另外我们可以从碑文中得知，金龙四大王信仰早在前朝已经广泛流行，并且被纳入祀典之中，得到官方承认。往往在过闸之时加以祭祀，祈求漕船安全驶过。

另外乾隆《武城县志》关于金龙四大王庙也有部分记载，内容如下：

金龙神庙在西门外河东岸，通志神姓谢名绪行四，钱塘安溪口人，隐金龙山。德祐二年(1276)，宋亡投蓍水死。明太祖取临安，见神金甲横槊空中，助阵后押护漕河屡显灵异。天启四年(1624)诏封护国济运金龙四大王。②

①〔清〕王赠芳、〔清〕王镇修、〔清〕成瓘、〔清〕冷烜纂：道光《济南府志》卷68《艺文》，载《中国地方志集成·山东府县志籍》，南京：凤凰出版社，2004年，第491页。

②〔清〕骆大俊纂修：乾隆《武城县志》卷5《祀典》，载《中国地方志集成·山东府县志籍》，南京：凤凰出版社，2004年，第266页。

依照此段记载,金龙四大王名为谢绪,家中排行第四,钱塘安溪人,隐居金龙山。在明太祖攻取临安时显灵助阵,随后开始保护漕运。

此段记载较为简略,关于谢绪为何可以成神,以及为何演变为漕运之神,这是我们需要思考的两个问题。有关第一个问题——谢绪为何可以成神,要解决此问题,需要对谢绪所处的时代及经历进行考察。

谢绪所处的时代是宋元交替时期。两宋时期,社会变化较大,这促进了各种神祇的出现。关于此点,以往学者有较为充分的论述。皮庆生认为,在唐宋时期,社会变化与祠神信仰的关系主要有以下四点:一是宋代始终与强有力的北方少数民族政权并存,12世纪初被迫迁都临安,13世纪后期被崛起的蒙古所灭。这一过程影响了社会风俗的改变。二是士人群体力量壮大,在地方事务中产生支配性力量。另外士人促进理学的兴起,影响社会各个层面。三是市场与城市的发展,使得从事商业活动的群体更加广泛。四是社会从贵族社会向平民社会转变,宋代宗教世俗化、平民化趋势明显加强。[1]另外韩森在著作中也对两宋时期的社会背景有所论述,着重探讨了市场体系变化对民间信仰发展的影响。韩森认为:"当信徒们被卷入日益扩大的市场体系时,他们将自己的神祇也带了进去。"[2]复杂的

---

① 参见皮庆生:《宋代民众祠神信仰研究》,上海:上海古籍出版社,2008,第19—20页。

② [美]韩森:《变迁之神——南宋时期的民间信仰》,包伟民译,上海:中西书局,2016,第75页。

社会背景导致了各路异事、神祇相继出现,甚至被记录成册,即《夷坚志》(宋代洪迈著)。

这是谢绪所处的时代背景,另外其自身经历也是成神的必要条件。谢绪是东晋谢安的后裔,其姑母乃是宋理宗皇后谢道清。自东晋以后,谢氏家族就是江南地区名门望族,并且在南宋时其族人更是得到推恩,同时谢氏家族也见证了王朝覆灭的惨状。《宋史》记:"理宗谢皇后,讳道清,天台人。父渠伯,祖深甫。……理宗崩,度宗立。咸淳三年(1267),尊为皇太后,号寿和圣福。进封三代:父渠伯,魏王;祖深甫、曾祖景之,皆鲁王。……度宗崩,瀛国公即位,尊为太皇太后。太后年老且疾,大臣屡请垂帘同听政,强之乃许。加封五代。"①因此谢氏家族相较于其他名门望族而言,有着抵抗北方军队南下的家族传统,并且直接参与王朝的政治生活,这为谢绪成神提供了条件。

关于谢绪自身,南宋遗民吴县徐大焯所著《烬余录》一书有详细记载。具体如下:

> 谢绪,会稽人,秉性刚毅,以天下自任,咸淳辛未(南宋度宗咸淳七年、公元1271年——引者注),两浙大饥,尽散家财赈给之,知宋祚将移,构望云亭于金龙山祖,隐居不仕,作望云亭诗云:东山渺渺白云低,丹凤何时下紫泥,翘首夕阳连旧苑,漫看黄菊满新蹊,鹤闲庭砌人稀迹,苔护松筠山径迷,野老更疑天路近,苍生犹自望云霓。未几国亡,

---

① 〔元〕脱脱:《宋史》卷243《列传》,北京:中华书局,1977,第8658—8659页。

绪北向涕泣,再拜曰:生不报效朝廷,安忍苟活。即草一诗
云:立志平夷尚未酬,莫言心事付东流,沦胥天下谁能救,
一死千年恨未休,湘水不沉忠义气,淮淝自愧破秦谋,苕溪
北去通流塞,留此丹心灭寇仇。吟毕赴水死。[①]

概括上述谢绪的事迹主要包含以下内容:第一,宋王朝末
年,隐居山林不仕。第二,散尽财富,赈灾济贫。第三,去世前
留下一首关于"立志平夷"的诗文。显然谢绪的故事为未来水
神传说提供了主要素材,后来明代的徐渭等人就是在此基础上
将谢绪故事进一步加工为"金龙四大王"信仰的。

谢绪如何成为漕运之神?我们翻阅文本发现,航运保护神
形象的出现同样可追至《烬余录》一书。《金龙四大王祠墓录》中
《河防志》部分提到在谢绪灵迹中有"黄河北徙"的记录,《河防
志》将此解读为"拥黄河而北流",致使元兵大败。在《东山家
谱》中,更加直白地表述谢绪具有疏通河流、保护舟船的能力,
即"河流壅塞者,能开泻千里。舟船倾覆者,能拯溺扶危。河清
海晏,永庆安澜"[②]。这也成为后来谢绪被官方赐封、在民众中
得到支持的主要原因。但是这种能力可能同样来自《烬余录》
中谢绪绝笔诗文"苕溪北去通流塞,留此丹心灭寇仇"的记载。
其中"苕溪北去通流塞"这种说法可能被附会成谢绪具有疏通

---

① 〔元〕徐大焯:《烬余录》甲编,载《中国野史集成》编委会、四川大
学图书馆合编:《中国野史集成》,成都:巴蜀书社,1993年,第10册,第
265页。

② 〔清〕仲学辂编:《金龙四大王祠墓录》卷1《传志》,载《丛书集成续
编·史地类》,台北:台湾新文丰出版公司,1988年,第225册,第121页。

河流的能力。

在明中后期,谢绪为运河保护神的形象逐渐得以确立。在正统年间陈文作《重建会通河天井闸龙王庙碑记》中有记载,济宁天井闸旧有金龙四大王庙,"凡舟楫往来之人皆祈祷之,以求利益,岁久颓毁"①,可见行船之人已经重视对金龙四大王的祭祀。关于谢绪是金龙四大王的说法,最早可见于嘉靖年间徐渭《金龙四大王庙碑记》,其内容如下:

> 王,姓谢,名绪,宋会稽诸生,晋太傅安之裔也。祖达,某有兄三人,曰纪、曰纲、曰统。王最少,行第四,居钱塘之安溪,后隐金龙山白云亭。……元末,我太祖与元将蛮子海牙战于吕梁,元师顺流而下,我师将溃,太祖忽见空中有神披甲执鞭、驱涛涌浪,河忽北流,遏截敌舟,震动颠撼,旌旗闪烁,阴相协助,元师大败。……太祖嘉其忠义,诏封为金龙四大王。金龙者,因其所葬地也;四大王者,从其生时行列也。自洪武迄今,江、淮、河、汉四渎之间屡著灵异。②

而后万历年间朱国桢《涌幢小品》亦有类似记载。有学者

---

①〔明〕谢肇淛:《北河纪》卷8《河灵纪》,《景印文渊阁四库全书》第576册,第711页;《明英宗实录》卷二百七十三"景泰七年十二月戊申"条,台北:台湾"中研院"历史语言研究所校印,1962年,第5765页。

②〔明〕徐渭撰:《徐渭集》补编《金龙四大王庙》,北京:中华书局,1983年,第1298页。

认为,这与徐州①地区黄运交汇、河患严重、漕运艰难有很大关系。②在明朝文人不断改造中,金龙四大王的灵迹逐渐丰富,且为官民所接受。这也是谢绪成为航运保护神的伊始,其后明清两朝对金龙四大王不断地进行敕封,金龙四大王信仰达到顶峰。

身在江浙地区的谢绪成神后如何传播到德州地区?这归功于运河及运河上行船的各色群体,如商人、船夫、军丁等。运河上的来往船只在渡过危险地段或闸口时,有赖于得到金龙四大王的保佑,因此其庙宇多是分布在运河沿线。德州金龙四大王信仰的传播也是得益于此。《重修德州金龙四大王庙碑记》就说明了这一点,军船每年出临清闸,都需要至金龙四大王庙进行祭祀。简而言之,金龙四大王信仰沿运河传播至德州地区,并影响着德州运河沿线百姓的社会生活。金龙四大王信仰是德州运河区域的重要水神信仰,反映了多方的利益诉求,也是国家与地方"礼俗互动"的结果。

不只金龙四大王信仰沿运河传播而来,天妃信仰亦是如此。天妃又称妈祖,是流传于中国沿海地区的传统民间信仰,是历代航海船工、海员、旅客、商人和渔民共同信奉的神祇。乾

---

① 上文中提到的吕梁,即为徐州地区的吕梁洪。吕梁洪,位于徐州城东南25千米处的吕梁山下,因处在古吕城南,且水中有石梁,故而称"吕梁洪"。吕梁洪分为上、下二洪,河水湍急。由于明代借黄行运,二洪位于黄运交汇之处,黄河的淤、徙、决对二洪影响很大,往往导致二洪决溢或水流浅涩。

② 参见胡梦飞:《明代漕运视野下的金龙四大王信仰》,《聊城大学学报(社会科学版)》2018年第1期。

隆《德州志》卷五记载：德州南回营西有天妃庙，建时不详。据明人王权《天妃庙记》云："德州旧无天妃庙。庙初立，无文字纪岁月。天顺庚辰、成化辛丑两新之。吾境内多泰山元君祠，恭谒天妃庙者，恒以元君视之。"①

德州的天妃庙最早应在永乐、宣德年间出现，应是明初德州卫或德州左卫中的南方籍军人所建，至天顺初年已破败，于是天顺四年（1460）重修。21年后，到成化十七年（1481）再次重修。"再到嘉靖三十四年（1555）天妃庙又因岁月侵蚀，'栋宇垣壁复圮坏'，于是德州的耆老宋镠、徐存仁、韩福、王实四人联络邑人共同捐资扩建。正殿仍四楹，两庑仍各六楹，夹仪门特创二庑，殿东偏益一室，与西偏神室相直。门廊、寝室，咸倍壮于旧。庙貌鼎新，金碧闳耀，观者肃然生敬焉。"②

明初以海运为主，运河复航后转向内陆航运，妈祖信仰也随南来北往之人从海上转向运河传播。妈祖信仰来到德州以后，与当地流传已久的碧霞元君信仰相融合，因此出现"恒以元君视之"的现象。

元将军也是德州运河沿线祭祀的水神之一。传闻，元将军是龟的化身，常在汛情危急时刻显灵。"道光十五年（1835），张祥河《德州元将军显佑碑文》记载：'德州大王庙附祀元将军之神历有年所矣，自临清钞关至柘园水程四百余里，所在堤堰皆

---

① 〔清〕王道亨修、〔清〕张庆源纂：乾隆《德州志》卷12《艺文》，载《中国地方志集成·山东府县志籍》，南京：凤凰出版社，2004年，第374页。
② 《德州历史上的运河神祠（三）大王庙、妈祖庙与元将军庙》，德州新闻网，2018年12月19日，http://www.dezhoudaily.com/p/1432395.html。

民自修以资捍御。每岁伏秋盛涨，危险迭出，赖将军之灵呵护之，俾策万全，是以州人士生敬生畏，崇祀勿替。我壬辰（道光十二年，1832）、甲午（道光十四年，1834）两督第九屯台子坡漫工，合龙之前均为文致祭于神，不日葳事，固知神，必显灵于事前，呵护于事后，有历历不爽者，实为吾民生敬、生畏而倾心崇奉者也。'"①

另外德州百姓还对卫河之中无名的河神进行祭祀。明人赵时春曾作《祭卫河神文》，"伏惟时降甘泽以阜我民，通利舟楫以裕国用，震讯雷雨以扫烟尘。将时春大有赖焉，故兹昭告。尚飨"②。原文中并没有关于卫河河神姓名的记载，只能看出其司职降雨、保护行船。

综上可知，德州地区出现了禹王、龙王、金龙四大王、天妃、元将军、卫河河神等多个水神信仰。禹王、龙王是出现在德州地区的早期神祇，金龙四大王、天妃、元将军、卫河河神则出现较晚，并且金龙四大王、天妃是沿运河而来的外来神祇。外来信仰影响着德州文化、风俗的改变，金龙四大王、天妃"后来者居上"，风头一度盖过了传统的禹王、龙王信仰。多元的水神信仰在德州汇集，不仅是外来文化与本土文化的碰撞，同时也是一种商业文明与农业文明的融合。在运河之上来往客商的推动之下，金龙四大王、天妃等水神受到百姓推崇，改变了德州地

---

①《德州历史上的运河神祠（三）大王庙、妈祖庙与元将军庙》，德州新闻网，2018年12月19日，http://www.dezhoudaily.com/p/1432395.html。

②李树德编：民国《德县志》卷14《艺文》，载《中国地方志集成·山东府县志籍》，南京：凤凰出版社，2004年，第412页。

区百姓的精神生活,并使德州社会商业氛围更加浓厚。

(二)运河德州段带来的弊端及治理问题

运河德州段的贯通为德州带来了许多弊端,例如淤泥沉积、劳役加重等,其中最主要的弊端是水患严重。

运河德州段贯通后,运河及其附近河道常有淤泥沉积。淤泥沉积后影响农业生产,造成了一定损失。另外随之而来的清淤工作也成为德州地区百姓劳动的一部分,增加了德州地区百姓的劳役负担。

运河德州段的贯通加重了德州地区的百姓赋役。例如上文中论述的浅铺问题,大量浅铺及浅铺夫的设置增加了德州地区百姓赋役。除此以外,运河上来往官员也对德州地区百姓进行盘剥,加重百姓赋役。《武城县志》记载:"水路由临清抵德州,陆路由临清抵故城,俱为必经之地。甲马营驿递虽为所属,而两地策应未尝少减。上官陆行者,夫马仆从动以百数,里甲雇觅费用不赀。邑疲而地复冲,亦难乎为其民矣。至于均徭重难,益加呻吟之声。观其二年一差,已无息肩之日。"①

运河德州段的贯通在一定程度上造成了德州地区经济发展模式单一。百姓从事与运河相关的工作或者参与商业经营,以至于当运河衰落之时,部分德州百姓失去赖以生存的基业,并且德州经济水平也随之衰落。

运河德州段的贯通带来的最大的问题是水患严重。德州地区需要对运河进行及时的治理,否则会面临严重的水患威

① 〔明〕尤麒修、〔明〕陈露纂:嘉靖《武城县志》,《天一阁藏明代方志选刊续编》第57册,上海:上海书店,1990年,第31页。

胁。下表是对明清两朝水灾的统计情况。[1]

明朝水灾		清朝水灾	
洪武	八年七月,大水	康熙	四十二年夏,大水
	二十三年八月,水,免田租赈济	雍正	三年,大水
永乐	十三年六月,水,免田租		十一年,水
正统	元年闰六月,大水害禾	乾隆	二十二年,大水
景泰	元年,大水,饥		二十六年,河决草坝蔡家庄
	三年,大水		三十六年秋,禾被水,勘不成灾
	五年,大水,河溢	道光	九年秋,大水
天顺	元年七月,大雨,河与堤平,大饥人相食		二十四年,水
	十八年,大水	一	一
嘉靖	九年,大水平地丈余,人多溺死		
	三十一年,大水伤禾		
隆庆	三年,河决,平地水深丈余		
万历	三年,河决		
	三十五年,河决		
天启	三年,大水		

　　笔者只对明清两朝水灾情况进行统计,原因是明清两朝黄河自山东南部夺淮入海,故出现的河决现象可能多指运河德州

---

　　[1] 参见李树德等编:民国《德县志》卷2《纪事》,《中国地方志集成·山东府县志籍》,南京:凤凰出版社,2004年,第38—39页。

段及其他河流。

造成运河水患的原因诸多,主要有三点:河流落差大、北方季节性降雨、德州地势平坦。

明清时期,运河德州段水源取自太行山上的卫河与漳河,卫河与漳河在馆陶合流,于德州四女寺镇汇入南运河。太行山东部为华北平原,西部为黄土高原,平均海拔1200米,最高峰海拔2882米。而德州地处华北平原,海拔较低,在22米左右。巨大的落差使得卫河、漳河流速较大,极易导致运河德州段河水泛滥。

我国北方地区受到季风气候影响,季节性降雨明显。如同上表中显现的结果,水灾常常发生于夏季。据现有资料显示,卫河流域年降水量一般为600多毫米,西部太行山区可达700毫米以上。年最大径流量为1963年的64.8亿立方米,年最小径流量为1979年的7.26亿立方米。有记录的最大洪峰流量,干流西元村站1963年8月10日为1300立方米/秒。最小流量,河水干枯,西元村站1967—1969年连续三年出现断流,楚旺站1965—1969年连续5年出现断流。漳河降水量与卫河相近,在1963年洪水时,洪峰流量达5470立方米/秒。季节性降雨带来的最大问题是,运河德州段呈现明显的枯水期与丰水期。枯水期行船不便,德州地区往往会利用此段时间进行运河河道的整治工作;丰水期水流较大,德州地区面临的最大问题是防汛工作,尤其是在夏、秋两季。以2021年为例,夏季受上游降雨影响,四女寺闸上达到总流量862立方米/秒;秋季,四女寺水利站观测,流量达到1052立方米/秒,是1951年有水文记录以来德州最大秋汛。因此季节性降雨易导致运河水患的发生,甚至造成"水涨堤满,大饥人相食"的景象。

另外德州地区地势平坦也是造成水患的因素之一。德州境内无山地丘陵,是黄河冲积而成的平原地带,因此河水可以于此地肆意流淌。上古时期,黄河5条支流于此经过,故而留下"大禹治水"的传说。大禹治水采用"疏而不堵"的方式与地形有极大关系。无山地作为天然屏障的地区,通过疏导的方式渐渐形成稳定河道,以减少水患。

综上所述,运河德州段的治理极其重要,否则极易酿成水患。

据现有资料而言,运河德州段的治理可大致分为三个阶段,即隋唐至宋朝时期、元明清时期、民国时期。元朝以前,德州位于运河北段,并非整个运河中心,故史料中有关运河德州段治理记录较少。元明清时期,德州位于运河中间位置,并且成为运河上的重要码头,史料中有关记录较多。民国时期,政局动荡,民众在运河治理中起到了重要作用,但是效果欠佳。修建水利工程是运河治理的主要方式,大致可分为以下几个方面:一是治理洪涝,二是治理淤泥,三是治理盐碱,四是治理黄河。

第一方面,治理洪涝。治理洪涝主要分为以下四个方法:其一是开挖人工河道,其二是开发水柜,其三是修建综合水利工程,其四是巩固堤坝。

（1）开挖人工河道。为预防运河水患,隋朝在永济渠东侧开挖减河(不单指今德州减河)以减缓汛期德州地区水患压力。

永济渠沟通黄河与海河水系,除黄河水外,另有沁水、清水汇入其中。受到季风气候影响,沁水等河流在夏季水流量加大,并携带大量泥沙涌入永济渠,致使德州地区受到水患威胁。因此在永济渠东侧开挖减河,以泄永济渠之水。武则天久视元年(700),对马颊河进行重新开凿以减轻德州水患。同时德州广大地区农业得以发展,使得"地用丰润,民食乃甘"[①]。

　　元朝是运河工程的重要转折时期,通过开挖人工河道以缩短运输距离,同时带来了明清时期运河德州段的繁荣,因而必须对此进行介绍。元定都大都以后,所需漕粮仍由南方供给。《元史·食货志》"海运"中记:"元都于燕,去江南极远,而百司庶府之繁,卫士编民之众,无不仰给于江南。"[②]虽然对江南漕粮需求不减,但是运河情况不容乐观。多段运河受到黄河侵害,于元初的数年内决口。因此元统治者最初试图使用海运的形式运输漕粮,为此专门开通胶莱运河(南起黄海灵山海口,北抵渤海三山岛)。漕粮从江浙地区北上,经胶莱运河抵达天津一带,由此上岸。此段运河受到潮汐作用影响,泥沙淤积严重,不久便停止使用。在这种情况之下,元朝统治者命郭守敬重开运河,并在原有基础上"裁弯取直",修建通惠河、会通河与济州河。在临清和济州之间的运河,元朝分两期修建,先开济州河,再开会通河。济州河南起济州(今济宁市)鲁桥镇,北到须城

---

① 转引自田贵宝、田丰:《德州运河文化》,北京:线装书局,2010年,第47页。

② 〔明〕宋濂等:《元史》卷93《食货一》,北京:中华书局,1976年,第2364页。

（在今东平县）安山，长150里。元朝利用了有利的自然条件，以汶水和泗水作为水源，修建闸坝、开凿渠道，以通漕运。会通河南起须城安山，接济州河，凿渠向北，经聊城，到临清接卫河，长250里。通惠河自今昌平到通州，全长174里。

关于通惠河与会通河修建，史料中有详细记录："首事于至元二十九年（1292）之春，告成于三十年（1293）之秋，赐名曰通惠。凡役军一万九千一百二十九，工匠五百四十二，水手三百一十九，没官囚隶百七十二，计二百八十五万工，用楮币百五十二万锭，粮三万八千七百石，木石等物称是。"①关于会通河记载如下："至元二十六年（1289），寿张县尹韩仲晖、太史院令史边源相继建言，开河置闸，引汶水达舟于御河，以便公私漕贩。省遣漕副马之贞与源等按视地势，商度工用，于是图上可开之状。诏出楮币一百五十万缗、米四万石、盐五万斤，以为佣直，备器用，征旁郡丁夫三万，驿遣断事官忙速儿、礼部尚书张孔孙、兵部尚书李处巽等董其役。首事于是年正月己亥，起于须城安山之西南，止于临清之御河，其长二百五十余里，中建闸三十有一，度高低，分远迩，以节蓄泄。六月辛亥成，凡役工二百五十一万七百四十有八，赐名曰会通河。"②通惠河、会通河与济州河的修建使得漕粮运输距离大大缩短，直通京师。

明清时期减河的开挖及其疏浚极其重要。减河的开挖始

---

① 〔明〕宋濂等：《元史》卷64《河渠一》，北京：中华书局，1976年，第1588—1589页。

② 〔明〕宋濂等：《元史》卷64《河渠一》，北京：中华书局，1976年，第1608页。

于明朝永乐九年（1411），自四女寺经九龙庙（原屯氏河废弃故道）入老黄河故道。自上口至老黄河故道称南支河，长6千米。入老黄河后，东北行至果子李，又东北行至李小吴村出境。出境后循东北向经吴桥、宁津、乐陵、庆云，由无棣入海。全长228.5千米，德州市境内31.1千米。

清初，四女寺减河"淤塞已平"。康熙四十二年（1703）、雍正十二年（1734）、乾隆二十五年（1760）、乾隆三十六年（1771）、嘉庆十年（1805），虽经多次疏浚，至清末该河仍淤塞为废河。

新中国成立后，国家十分重视四女寺减河治理。1955年重新疏浚河道，采取临时防洪措施，设计分泄流量达55立方米/秒；1956年再次进行治理，挖河、筑堤206千米，设计行洪流量达400立方米/秒。1971—1976年漳卫河中下游扩大治理时，从四女寺至吴桥县大王铺（基本沿原金钩盘河的故道）新辟一条岔河，全长43.5千米，设计行洪流量2000立方米/秒。同时将四女寺减河扩挖、筑堤，设计行洪流量1500立方米/秒。此次治理后，四女寺减河、岔河及汇流以下河道统称漳卫新河。

另有北支河。一说于洪武十年（1377），开德州西北支河。一说修建于永乐十年（1412），史书记为"德州西北隅开泄水支河一道，东北至旧黄河一十二里"①。一说开挖于雍正十二年（1734），"考北支河，当清雍正十一年（1733）运河水溢，下游地方偶被波及，经直隶总督和山东巡抚会勘，由城北十里东西开支河筑闸，以泄运河之水东行，入金钩盘河（南由果子李村经曹

---

① 转引自张明福：《你知道吗：德州东西长庄、岔河都因这条河才出现》，《德州晚报》2020年7月24日。

村西,至吴桥沟店铺入老黄河,俗名为金钩盘河。曹村以南所
经,为王莽枯河故渎,自曹村西横穿枯河东北行,至董庄西北出
境)"[①]。哨马营减水河(即北支河)在乾隆一朝一直畅通,"照岁
修之例,每年疏浚"。后河道逐渐淤塞,至嘉庆二十五年
(1820),"河身尽成民用竹"。道光四年(1824),山东巡抚琦善
曾奏请再开哨马营减水河,未能实施。

　　(2)开发水柜。为预防水患,历朝在运河沿岸利用天然湖
泊或者设置水柜进行防洪、济运。隋朝在永济渠西侧利用现有
湖泊完成泄洪蓄水功能。宋朝时"水柜"一词正式出现,用于汴
河水利工程。明朝时期在水源最困难的山东会通河段,利用沿
岸的安山湖、南旺湖、大薛湖、晋阳湖等作为水柜,成为保障航
运的有效措施。以南旺湖为例,明人王琼在《漕河图志》中记
"南旺湖,去县治西南四十五里,萦回百五十余里,中为二长堤,
漕渠贯其中。西堤有斗门,上有桥,以便牵挽,外蓄水,号为水
柜";另外汶上县建五座闸以调节水势,分别是开湖闸、南旺北
闸、南旺南闸、界口积水闸、石口积水闸,以配合运河行漕,"成
化四年(1468),佥事陈善同因南旺湖水涨溢入大薛湖,冲决而
南,漫流于晋阳湖,水退,漕渠浅涸,故于大薛湖之南筑坝以障
水"。[②]通过以上材料我们可以看出水柜的作用,第一是防洪蓄
水,第二是借水行漕。清人薛凤祚在《两河清汇》中也有类似表

　　① 李树德等编:民国《德县志》卷3《河渠》,载《中国地方志集成·山东
府县志籍》,南京:凤凰出版社,2004年,第96页。
　　②〔明〕王琼:《漕河图志》卷1,载中国水利史典编委会编:《中国水利
史典·运河卷》,北京:中国水利水电出版社,2015年,第25—26页。

述:"南旺、安山二湖,每遇山水跃发,开通各口斗门,一以杀水势,保全运堤;一以撒泥沙,免淀河腹。"[①]由于运河德州段地势较为平缓,所以无须太多水柜用于泄洪蓄水,只有少量湖泊充当水柜。

(3)修建综合水利工程。对于运河德州段而言,四女寺水利工程修建极其重要。四女寺水闸与减河是一体的工程,四女寺水利枢纽自明朝开始修建至今依然在完善。弘治三年(1490)于四女寺设闸并疏浚后,始称四女寺减河。康熙四十四年(1705)重建四女寺减河闸。雍正八年(1730),将四女寺闸改建为滚水坝。其后,在乾隆、光绪年间均曾进行过疏浚并扩建四女寺滚水坝。光绪二十七年(1901)漕运停止后,未再治理。

新中国成立后,四女寺枢纽工程于1957年破土兴建。1972年又新建了北进洪闸和兄弟灌渠放水洞,改建了南进水闸、节制闸、船闸。1996—1997年,除险加固南进洪闸。1998年,节制闸除险加固。2010年,新建倒虹吸工程,作为引黄济津潘庄线路的重要组成部分和控制性节点工程。2019年1月,水利部对北进洪闸进行除险加固建设。四女寺水利工程修建以后,使得德州地区减少水患威胁,通过三闸启闭来调节四女寺下游减河、岔河、南运河水位。现有资料显示,枢纽工程设计泄洪流量为3800立方米/秒:南泄洪闸位于减河入口处,设计流量1500立方米/秒,校核流量2200立方米/秒;北闸位于岔河入口处,设计流量2000立方米/秒,校核流量2800立方米/秒;节制闸

---

① 〔清〕薛凤祚:《两河清汇》卷1,载中国水利史典编委会编:《中国水利史典·黄河卷》,北京:中国水利水电出版社,2015年,第310页。

位于南运河入口处,控制南运河泄流量不超过300立方米/秒。1996年,南进洪闸、北进洪闸、节制闸最大行洪流量分别为600立方米/秒、1000立方米/秒、150立方米/秒。

除四女寺水利工程以外,明清时期另新修部分水利设施以降低运河德州段洪涝灾害程度。嘉靖九年(1530),德州河决,赵梧冈奉命治水,整修河堤,保护漕运。《明会典》云:"嘉靖十三年(1534),明朝商议于恩县、东光、沧州与济四处,各建减水闸一座,以泄涨溢之水。"①雍正十一年(1733),德州开支河、筑闸减轻运河水患。次年,"东抚岳濬以德州河溜顶冲,于东岸挑新河、建滚坝,两岸各筑遥堤,酌开涵洞,以资宣泄"②。水利工程的修建起到了调节水位的重要作用。《两河清汇》中记载:"漕河卫河交会之处,卫浊而盛,漕清而弱。当泛秋,卫河泛涨,侵入漕河,恒致淤浅,故设三年大挑之法。后设板闸更番启闭,及严禁不许通漕启放,则卫流倒灌者少,大挑亦自省力。"③

(4)巩固堤坝。巩固堤坝是预防水患的重要方式,一是可以防止运河泛滥,二是可以减少运河泛滥后的危害。已有史料记载,宋朝通过修筑堤坝以加强对运河德州段的整治。宋徽宗时期,在御河西岸修建河堤,其后又多次征发民力维护运河河

① 〔明〕张萱:《西园闻见录》卷88《工部》,民国,哈佛燕京学社印本。

② 赵尔巽等:《清史稿》卷127《河渠二》,北京:中华书局,1977年,第3780页。

③ 〔清〕薛凤祚:《两河清汇》卷1,载中国水利史典编委会编:《中国水利史典·黄河卷》,北京:中国水利水电出版社,2015年,第318页。

堤。宋徽宗政和五年(1115),又在恩城镇修建运河东堤。①康熙二十八年(1689),修筑高家堰一带的堤岸,并于康熙三十八年(1699)、四十二年(1703)、四十四年(1705)多次巡视运河德州段工程。②康熙五十七年(1718),巡抚李树德筑砖堤于小西门外。③乾隆二十六年(1761),运河决口,军士百姓共同治河,而后修筑堤坝保护运河。嘉庆二十四年(1819),修筑运河堤岸,截留漕粮,以工代赈。④咸丰元年(1851),修运河河堤。⑤光绪十一年(1885),德州知州陈庆成召集民众修筑河堤,但是仍然无法通航。民国时期也有修筑运河堤坝的记录,"民国二十三年,修运河。县长李树德与津浦铁路商准免费运石块一千五百余方,所省不赀"。

第二方面,治理淤泥。运河由于泥沙沉积,水位过浅,最终导致行船困难或发生水患,因此运河及相关支流的疏通十分受重视。泰和五年(1205),金朝征发山东各地夫役疏浚运河。明初,北段运河漕粮运输作用并不明显。后来燕王朱棣以"清君侧"为借口,发动"靖难之役",最终从自己侄子朱允炆手中夺得

① 参见田贵宝、田丰:《德州运河文化》,北京:线装书局,2010年,第86页。

②③ 参见李树德等编:民国《德县志》卷2《纪事》,载《中国地方志集成·山东府县志籍》,南京:凤凰出版社,2004年,第47页。

④ 李树德等编:民国《德县志》卷2《纪事》,载《中国地方志集成·山东府县志籍》,南京:凤凰出版社,2004年,第54页。

⑤ 李树德等编:民国《德县志》卷2《纪事》,载《中国地方志集成·山东府县志籍》,南京:凤凰出版社,2004年,第55页。

皇位,并定都北京。①定都北京后,漕粮运输问题随即出现。因此明朝统治者不得不加强对北段运河的治理。疏通会通河淤堵是其主要问题,故潘叔正建言:"会通河道四百五十余里,其淤塞者三分之一,浚而通之,非惟山东之民免转输之劳,实国家无穷之利也。"②永乐九年(1411)二月,工部尚书宋礼调发民工20余万疏通运河,并且加深了河道。

另外明朝加强对夫役的管理与设置,其中"浅夫"日常工作之一就是疏通运河。明人王琼所著《漕河图志》中载:"漕河夫役,在闸者曰闸夫,以掌启闭;溜夫,以挽船上下;在坝者曰坝夫,以车挽船过坝;在浅铺者曰浅夫,以巡视堤岸、树木,招呼运船,使不胶于滩沙,或遇修堤浚河,聚而役之,又禁捕盗贼……"③运河德州段额定夫役220人,另有临时加派数目不定。在前文中,笔者关于德州地区浅铺及浅夫问题有过讨论,在此不过多阐述。

清朝时期,关于运河德州段及其相关支河的清淤工作也有记录。康熙二十九年(1690),德州知州吴珍联合地方士绅捐款雇佣夫役疏通运河。乾隆二十五年(1760)、二十六年(1761),

---

① 学界对朱棣迁都的原因有许多观点,笔者认为主要有三个:一是朱棣长期镇守北方,势力牢固。二是明朝北部边疆除自己外还有其他藩王,朱棣担心其他藩王效仿自己。三是便于防范蒙古军队的入侵。事实证明蒙古军队对明王朝的威胁一直存在,甚至一度险些攻下北京。

② 《明太宗实录》卷113,台北:台湾"中研院"历史语言研究所校印,1962年,第1444页。

③ 〔明〕王琼:《漕河图志》卷1,《续修四库全书》史部政书类835册,上海:上海古籍出版社,2002年,第602页。

连续两年大挑支河,另外乾隆三十六年(1771)、五十七年(1792)、五十九年(1794),均有疏浚河道的记录。①嘉庆九年(1804)与嘉庆十年(1805),均有治理运河德州段的记载。嘉庆十年(1805),孙星衍开浚支河(四女寺附近)以降低卫河水位。②嘉庆十二年(1807),再次疏浚减河。《清史稿·河渠志》中载:"十二年,仓场侍郎德文等请挑修张家湾正河,堵筑康家沟以复运道,御史贾允升请挑浚减河,均下直督温承惠勘办。"③道光十二年(1832),疏浚运河。④光绪三十四年(1908),疏浚运河。⑤

民国时期,漕运制度虽然荒废,但是对运河德州段的治理没有停止。不同以往,在军阀混战、经济衰退的背景下,治理运河多由政府行为转变为地方社会的自觉行为,由士绅、商人、民众进行小范围的治理。史料记:"民国七年,德、恩、吴三县官绅会合疏浚四女闸口,挑挖南支河。直隶水利局督办熊秉三补助

① 参见李树德等编:民国《德县志》卷2《纪事》,载《中国地方志集成·山东府县志籍》,南京:凤凰出版社,2004年,第50—53页。

② 参见田贵宝、田丰:《德州运河文化》,北京:线装书局,2010年,第134—135页。

③ 赵尔巽等:《清史稿》卷127《河渠二》,北京:中华书局,1977年,第3784页。

④ 参见李树德等编:民国《德县志》卷2《纪事》,载《中国地方志集成·山东府县志籍》,南京:凤凰出版社,2004年,第54页。

⑤ 参见李树德等编:民国《德县志》卷2《纪事》,载《中国地方志集成·山东府县志籍》,南京:凤凰出版社,2004年,第58页。

红粮,以工代赈。"①另有史料记载:"民国六年秋,运河决口于恩县耿李庄,水绕城垣仅露七砖,而兵工厂位于城外西南方亦被水围绕,以船舶出入。时吴桥县民数百人越境来城北长庄堵堤,随致不能宣泄。全城民众见水势汹涌,城关几不保,大动公愤,拟往宣泄,县长金荣桂极力排解,旋因水势过猛将堵筑之处冲开,水遂见消,免钱粮、筹赈济。"②此则材料中未见北洋政府起到有效作用,反而民众出于自救进行治水。但是受到政治、经济、社会等多方面因素掣肘,运河德州段的治理成效甚微。③

第三方面,治理盐碱。德州地区自古以来处于黄泛区,加之运河泛滥,导致土地盐碱化严重。因此运河沿岸以栽种树木的方式进行绿化,一方面可以起到固堤的作用,一方面可以缓解盐碱化。北宋灭亡以后,金朝与南宋长期对峙于淮河一带,御河沦入金朝领地。金朝于燕京建立中都,运河仍是重要的运输路线。《金史·河渠志》记:"其通渠之水,旧黄河行滑州、大名、恩州、景州、沧州、会川之境,漳水东北为御河,则通苏门、获嘉、新乡、卫州……皆合于信安海壖,溯流而至通州,由通州入闸,十余日而后至于京师。其他……山东之北清河,皆其灌输之路也。"④大定二十七年(1187),金朝下诏"命降陵等县代管河防事",并且维护堤岸,督查漕运。次年,金朝设置巡河官员,并

①② 李树德等编:民国《德县志》卷2《纪事》,载《中国地方志集成·山东府县志籍》,南京:凤凰出版社,2004年,第59页。

③ 参见张希:《运河停漕与鲁西经济社会变迁(1901—1937)》,山东大学博士学位论文,2020年。

④〔元〕脱脱等:《金史》卷27《河渠志》,北京:中华书局,1975年,第682页。

且栽种大量树木,以保护堤岸。史料中云:"巡视河道、修管堤堰、栽植榆柳凡河防之事。"[①]元统治者也曾下令:河州县佐贰官皆兼河防事,凡有堤防损坏处,及时修筑,严禁私自决堤放水,广植树木以固运堤。明清以后,来往文人骚客留下的大量诗句中描述了运河两岸树木林立的场景。例如,明朝于慎行在《暮抵德州城下》中有"郡楼融晚雪,津柳挂残云"的描写。另外在其他诗词中也有相关描写。《卫河舟中》有"河水日以缩,河柳日以黄","得地百年因种树,留春一日为看花","清风缘长堤,日坐高槐下","红旗飘处网艘满,绿树丛中野市喧"等。[②]运河德州段栽种了大量槐、柳以固运堤,缓解盐碱。

　　除上述方法外,近代以来盐碱地的改造方法更加科学。20世纪50年代改碱的方法:①圈埝平种,蓄淡压碱。②晒伐养坷垃。秋耕或春耕后不立即耙地,晒坷垃提高地温,并利用坷垃切断土壤毛细管,减少水分上升,将盐分控制在耕作层以下。③起碱。春季返碱盛期,把地表层的碱土敛起来,堆积地头地边,提高出苗率。④深翻改碱。深翻使下层土壤由实变松,抑制返碱,且使土壤含水性提高,蓄水耐旱耐碱。1961—1964年期间,由于引黄灌溉和连续4年大涝,碱地增至349万亩。20世纪60年代中期,把治涝改碱作为改变生产条件的重点来抓,各级政府成立了改碱办公室。1965年,中国科学院地理研究所与

---

　　① 转引自田贵宝、田丰:《德州运河文化》,北京:线装书局,2010年,第87页。

　　② 李树德等编:民国《德县志》卷16《艺文》,载《中国地方志集成·山东府县志籍》,南京:凤凰出版社,2004年,第479—489页。此处列举的大量诗句均出自明清两朝文人。

230

本区有关部门一起组成德州专区旱涝碱综合治理区划工作组，开展全区范围内的改碱综合治理工作。20世纪70年代全区大规模引黄后，接受1958年位山引黄地区重灌轻排、大水漫灌、工程不配套的教训，采取排灌工程统一安排，以排定灌、干渠衬砌、重点防碱、淡水压碱、深沟排碱、沟渠造林等综合措施改良盐碱地。①

第四方面，治理黄河。中国历史上，有史料记载的黄河下游河道共有7次大的变迁，分别在战国时期、西汉、东汉、北宋、南宋、明朝、清末。其中黄河下游河道多流经山东北部。黄河一方面滋养着中华文明，另一方面成为文明的破坏者。黄河是东西流向，运河则是贯通南北。黄河与运河交汇地区，一方面可以借黄河水济运河，另一方面黄河时常导致运河淤堵，无法通航。因而在山东地区治理黄河，也是治理运河、保护漕运的重要措施。现有资料显示，明清以前德州地区受到黄河灾害比较严重。例如，民国《德县志》中有相关记录："唐虞时期，禹疏九河"，"西汉时期，河决馆陶开屯氏三渎"，"北宋时期，河决入永济渠"，"嘉祐五年（1060），河决魏州东流经降陵东南境"。②以此来看，黄河泛滥可能会导致运河德州段甚至整个山东段运河的漕运受阻。清咸丰五年（1855），黄河在河南兰阳（今兰考县）铜瓦厢决口改道，再次回到北面，行现今河道，北流入渤海。

---

① 参见山东省德州地区地方史志编纂委员会编：《德州地区志》，载《中华人民共和国地方志丛书》，济南：齐鲁书社，1992年，第249页。

② 李树德等编：民国《德县志》卷2《纪事》，载《中国地方志集成·山东府县志籍》，南京：凤凰出版社，2004年，第38—39页。

漕运制度受其影响,因此于光绪二十七年(1901)停止。停漕以后,运河自济宁中断,济宁以南运河仍然可以通航;北段自黄河以北地区,可以通航。直至2022年4月,实现全线的贯通。

为避免黄河侵害运河,通过修建河道工程的方式达到治理黄河的目的。

在黄河与运河交汇的地区,明清两朝通过新修河道的方式以减少黄河对运河的侵害。清人陆耀在《山东运河备览》中提到明清两朝三次避河行运工程。"明初阻塞,借资于河,宋礼重浚会通,粮艘不至阳武,避镇口以上黄河之险数百里","李化龙开泇口,粮艘不由徐、吕,避董口以上黄河之险又三百里","国朝靳文襄公辅开中、阜二河,粮艘由仲庄入口,后又改由杨庄,并避宿、桃以上黄河之险又二百里"。①关于后两河具体的工程运作原理,《两河清汇》中有详细记载:"泇河水口左有微山湖相连,赤山湖、吕孟湖、张庄湖、右昭阳湖各二百余里,蓄水济运,于彭口十字河置有三洞闸,欲河水内盈,放水射沙入湖。韩庄闸有湖口坝。河水内涸,启板放水,入河济运","中河分司邳州泇河原借山水济运,每岁溜沙淤势,有黄道人桥等浅,春正闭水口觅夫挑浚,计土方给银,二月初一开坝行运。宿迁县骆马湖口清黄交会,运道咽喉,新开挑新河,外口建筑草坝,务相时启闭,以便行运"。②两河交汇之处,通过修建闸坝以控制黄河水

①〔清〕陆耀:《山东运河备览》卷10,载中国水利史典编委会编:《中国水利史典·运河卷》,北京:中国水利水电出版社,2015年,第887页。

②〔清〕薛凤祚:《两河清汇》卷1,载中国水利史典编委会编:《中国水利史典·黄河卷》,北京:中国水利水电出版社,2015年,第310—312页。

量,并且雇夫役清理淤沙。另外《漕河图志》中有关山东寿张县（黄河冲积地区）的记载也提到筑坝以阻拦黄河之水的方法，"师家坝在西南二十五里,遏黄河水,使入通源闸,以分沙湾水势"[①]。

除新修河道以外,治理黄河另有其他方法:筑堤、塞决、筑顺水坝、下护根干埽、造滚水石坝、建水闸、建涵洞、建车船坝、载柳护堤、挑河等。[②]在德州地区亦有黄河河道的疏浚记载。嘉祐五年(1060)黄河决口后,河水入马颊河(黄河支流)故道,最终于独孤口(又称沙土河口)入海。北宋王朝于治平二年(1065)、熙宁年间(1068—1077)多次疏浚德州地区马颊河河道。1933年再次疏浚。

运河作为古代社会重要的水利工程,对于沿岸城市而言有利有弊。对于北段运河沿岸城市而言,常常面临水患威胁。为解决运河为德州带来的水患问题,通过治理洪涝、治理淤泥、治理盐碱、治理黄河等措施以减少水患。

三、余论

德州作为运河沿岸的历史名城,因运河而兴,在明清时期更是得到"九达天衢、神京门户"的美誉。但是自运河断流、漕运荒废后,德州的经济实力大不如前。个中原因值得深思。德

---

① 〔明〕王琼:《漕河图志》卷1,载中国水利史典编委会编:《中国水利史典·运河卷》,北京:中国水利水电出版社,2015年,第25页。

② 参见〔清〕薛凤祚:《两河清汇》卷8,载中国水利史典编委会编:《中国水利史典·黄河卷》,北京:中国水利水电出版社,2015年,第389—391页。

州作为隋唐运河的沿岸城市,处于北段边缘地位,不需要大量的粮仓储存漕粮,并且此时洛阳作为整个运河的中心,因而德州没有得到发展。随着金、元、明、清各朝对北京地区的经营,新的政治中心出现,大运河在"裁弯取直"后重新贯通。德州位于京杭大运河的中间地段,起到转运漕粮的重要作用,来往客商、官吏带动了德州社会的发展。但是自漕运荒废后,德州也随之衰落。

造成德州社会现状的原因有三个:一是明清时期德州过度依赖商业,以至于漕运荒废之时,德州也失去了支柱产业。二是德州作为黄泛区,农业得不到发展,这种情况延续到新中国成立后德州对农田整治才得以好转。现如今德州虽然解决了温饱问题,农业发展却依旧停留在原地,未能突破其带来的限制,产业转型升级困难。三是德州拥有区位优势,而不能加以有效利用。德州虽然失去了运河的运输能力,但是其作为京津地区的南大门依然有着便捷的交通,京福高铁、京福高速等组成的陆路交通网贯穿德州。德州未能依托京津冀城市圈来带动自身的发展。以上三点是德州历史带给现今社会的启示。

后 记

　　本书是山东华宇工学院马克思主义学院部分青年教师分工合作的成果,署名不分先后,文责自负。

　　论文集的出版得到了山东华宇工学院校级一流课程建设项目、省级教学成果培育项目、马克思主义学院思政专项资金的资助。本教研室的实践课教学得到了德州市博物馆、苏禄文化博物馆、冀鲁边纪念馆的大力支持,在此表示衷心感谢。

　　论文集的作者都是青年教师,平时的学术积累不够深厚,学术经验不足,存在的不足之处还请读者批评指正。

编者